Viktor Terpeluk

Weisheit aus dem Jenseits: Warum wir leben und welche Reife wir erreichen können

spirit RAINBOW Verlag

Viktor Terpeluk

Weisheit aus dem Jenseits: Warum wir leben und welche Reife wir erreichen können

Eine spirituell-psychotherapeutische Anleitung
für ein sinnerfülltes Leben
mit zehn Seelenreifungsreisen

spirit RAINBOW Verlag

Spirit Rainbow Verlag

Impressum

1. Auflage 2022

www.spirit-rainbow-verlag.de

Printed in Germany

Gestaltung, Druck und Vertrieb:
Druck- & Verlagshaus Mainz
Süsterfeldstraße 83
52072 Aachen

www.verlag-mainz.de

Bildnachweis (vordere Umschlagsseite):
442899976 – stock.adobe.com

ISBN-10: 3-948108-62-5
ISBN-13: 978-3-948108-62-5

»Wachset an Geist und helft anderen wachsen.

Darin besteht das ganze Leben.«

Lew Tolstoi

Vorwort

Auf die Frage »Warum leben wir?« haben schon viele Menschen eine Antwort gegeben. Die Antwort war logischerweise abhängig von dem Wissens- und Erfahrungshintergrund des jeweiligen Antwortgebers. Nach vierzig Jahren eigener Literaturrecherche und eigenen Bewusstseinserfahrungen fühle ich mich so weit gereift, dass ich meine Antwort auf diese Frage mit mehreren Menschen teilen möchte.

Die gemeinsame Reise mit dem Leser in diesem Buch beginnt in der geistigen Welt. Das grundlegende Wissen darüber beziehe ich aus Erfahrungs-, nicht aus Glaubensberichten. Aus unzähligen Nahtoderfahrungen und glaubhaften medialen Durchsagen mit ihren immer wieder ähnelnden Inhalten skizziere ich die Struktur und die Gesetze in der geistigen Welt. Wenn man dies als Grundlage für die Wahrheit des Lebens betrachtet, ergeben sich aufgrund logischer Folgerungen auch einige Einsichten für unser alltägliches Leben, die uns zu einem bestimmten Lebensstil auffordern. Aber auch Bewertungen, die wir normalerweise im Alltag ganz locker formulieren, werden auf dem Hintergrund der Zusammenhänge der geistigen Welt eventuell neu gedacht werden müssen.

Ein Thema, das in diesem Buch neu betrachtet wird, ist die Rolle von Kindheitserfahrungen. In der Psychotherapie wird diesen oft eine ursächliche Bedeutung für psychische Schwierigkeiten zugeschrieben. Sobald wir aber die gesamte Seelengeschichte eines Individuums betrachten, sieht dies ganz anders aus. Wenn wir unseren Horizont auf frühere Leben des Menschen erweitern, erscheinen alle Lebensbedingungen, die der Mensch in diesem Leben erfährt, als vollkommen berechtigt und selbst gewählt. Allein schon dieser Umstand müsste, wenn man ihn ernst nimmt, zu großen Umwälzungen in den psychologischen Theorien zur Entstehung von psychischen Erkrankungen und deren Behandlung führen. Aber um nicht alles vorwegzunehmen, führe ich Sie, lieber Leser, Schritt für Schritt in diesen Erkenntnisprozess hinein und Sie dürfen sich dann selbst ein Bild davon machen, ob die dargestellten Zusammenhänge für Sie so logisch erscheinen wie für mich.

Ein Grund, warum ich dieses Buch schreiben musste, war meine Beobachtung, dass sich die meisten Menschen tagein, tagaus in Unwesentlichem verlieren. Sie hängen an Traditionen, die sie nicht hinterfragen, Bräuche, an die sich die Menschen klammern, als ginge es um ihr Leben. Ein Beispiel wären die Heimatbräuche. Wenn man das Leben auf das Geistige zurückführt, dann kann »Heimat« kein Ort auf der Erde sein.

Oder es werden Menschen verehrt wie Götter. Dabei ist es egal, ob diese Vorbilder dem Sport, der Wissenschaft, der Religion, der Musik oder irgendeinem anderen Genre angehören. Viele Menschen laufen diesen Vorbildern hinterher wie in Massenhypnose. Die Verehrung geht manchmal so weit, dass die Menschen dabei jegliche gesunde Urteilskraft verlieren. Wenn das Leben aus dem Geist heraus geboren wurde und der Schöpfer die ursprüngliche Kraft und Wesenheit ist, aus der heraus all dies geschah, dann gebührte doch eigentlich *ihm* die Verehrung und Liebe, die wir entgegenbringen können.

Auf meinen Reisen konnte ich in allen Ländern, in denen ich war, beobachten, wie viele Menschen an religiösen Ritualen teilnehmen. Sie tun es oft nur aus Gewohnheit und Tradition, aber nicht mit echter Liebe und Herzöffnung. Der eigentliche Grund für so ein religiöses Ritual wäre meines Erachtens, seinem Gott seine innigste Liebe entgegenbringen und eine echte, erfahrbare Begegnung herstellen zu wollen. Aber wie oft findet dies bei solchen Ritualen *wirklich* statt? Dasselbe beobachte ich in der spirituellen Szene. Auf esoterischen Messen kann man sich heute genauso mit Krimskrams eindecken wie auf allen

Wallfahrtsorten dieser Welt. Aber ist das wirklich essentiell für die Reifeentwicklung des Menschen? Oder man besucht sogenannte Kraftorte, um sich dort mit Energie aufzuladen. Meines Erachtens findet eine Aufladung mit göttlicher Energie nur dann statt, wenn der Mensch selbst sich mit ganzem Herzen und ganzer Hingabe seinem Gott hingibt. Ob er dies an einem Kraftort oder zu Hause in einer stillen Ecke macht, ist im Wesentlichen egal.

Der Ausspruch, den ich vor vielen Jahren auf einem Kongress des Dalai Lama vernommen habe, dass die Menschen lieber zu Hause in der Stille und mit Disziplin an sich arbeiten sollten, als in der Welt herumzureisen und nach einem Guru zu suchen, findet meine volle Zustimmung. Vielen suchenden Menschen ist diese Arbeit oft zu anstrengend. Deswegen besuchen sie fortlaufend Seminare und Vorträge, kaufen sich kluge Bücher und angeblich wirkungsvolle Utensilien, und vergessen aber schließlich oft, dass das Kernstück ihres Vorhabens die *Transformation ihres selbstsüchtigen und unreifen Ichs* wäre, hin zu einem allumfassend gereiften und liebenden Ich, das in einer bestimmten Fachsprache oft »höheres Selbst« genannt wird. Immer unruhiger werden die Menschen, weil sie an ihren elektronischen Geräten fortwährend herumspielen – selbst dann, wenn sie ihr eigenes Baby durch den Park schieben. Oder viele reisen in jeder freien Minute irgendwohin, damit sie nicht zu Hause sein müssen. Andere wiederum machen exzessiv Sport. Man könnte den Eindruck bekommen, die Menschen flüchten vor der Stille. Sie halten sich selbst in Inaktivität nicht aus. Gerade aber diese innere Einkehr und das konzentrierte achtsame Leben im Hier und Jetzt, in reiner Wahrnehmung, ohne Nachdenken, im Gewahrsein der göttlichen Liebe in allem Seienden, wäre das Wesentliche, das uns inneren Frieden gibt.

Es ist mir ein Herzensanliegen, mit diesem Buch eine Welle von Veränderungen auszulösen. Mir geht es nicht nur darum, die Psychotherapie theoretisch und mit neuen praktischen Methoden zu erweitern, indem ich die geistige

Welt und deren konkrete Darstellung als Grundlage dafür nehme, sondern vor allem möchte ich jedem Leser durch dieses Buch zu einer eindeutigen Antwort auf die Frage »Was ist der Sinn des Lebens?« verhelfen. Und noch mehr: Die Kenntnisse, die ich in den letzten Jahrzehnten durch Bücher und eigenen Erfahrungen erworben habe, möchte ich in dieses Buch einfließen lassen, um die Aufklärung der Aufklärung zu erwirken, sodass endlich das Geschehen in der geistigen Welt Aufnahme in unserer Wissenschaft findet. In seinem Buch *Spiritualität* erklärt H. Walach, warum wir die Aufklärung weiterführen müssen über eine »Respiritualisierung unserer Welt« mittels einer »undogmatischen Spiritualität«.[1] Mit meinen Ausführungen möchte ich kein neues Dogma aufstellen, aber ich möchte, dass Millionen von Nahtod- oder Nachtoderfahrungen und mediale Durchsagen mit ihren Berichten über die Realität in der geistigen Welt und deren Verbindung mit unserem Erdendasein einen Platz in einem erweiterten Wissenschaftsspektrum finden. Diese Informationen gehen weit über die z. B. in der Meditation gemachten Bewusstseinserfahrungen und auch über die mystischen Erfahrungen großer Mystiker hinaus, indem sie konkrete Erfahrungen und Begegnungen in den verschiedenen Jenseitsebenen beschreiben und die dazugehörigen Lebensumstände der dort verweilenden Seelen. Der bekannte Physiker Hans-Peter Dürr hat eindringlich davor gewarnt, die Erkenntnisse über die Welt mittels der Naturwissenschaften als die tatsächliche Wirklichkeit anzusehen. »Es ist grob unzulässig und falsch, unsere Wahrnehmung der Wirklichkeit – auch wenn wir sie durch raffinierte Instrumente wesentlich erweitern – mit der Wirklichkeit schlechthin gleichzusetzen. Genau dies passiert jedoch, wenn wir wissenschaftliche Erkenntnis als allumfassend betrachten.«[2] Doch ist es im Umkehrschluss genauso falsch, die wissenschaftlichen Erkenntnisse über Bord zu werfen und wieder in die Zeit vor der Auf-

1 H. Walach 2011, S. 220.
2 H.-P. Dürr 2011, S. 134.

klärung zu verfallen und alle möglichen und unmöglichen Wirkzusammenhänge zu glauben, für die es gar keine Bestätigung gibt.

Eine Vielzahl von Menschen tendiert heute dazu, aufgestellte Behauptungen ungeprüft zu übernehmen. Dies findet man in fast allen Bereichen des Lebens, vor allem auch in esoterischen oder naturheilkundlichen Kreisen. Hier wird die sogenannte Schulmedizin fast als etwas Teuflisches angesehen. In diesem Sinne möchte ich mich nicht verstanden wissen, wenn ich von der Integration des Geistigen in unsere Wissenschaft spreche. Das, was die Naturwissenschaft bis heute erreicht hat, bleibt als Wissen bestehen und erweitert sich in kurzer Zeit immer schneller. Doch kann sie nichts Inhaltliches über geistige Phänomene aussagen, sondern nur Messbares und Strukturelles. Um inhaltliche Kenntnisse über die geistige Welt zu erhalten, brauchen wir fundierte Kenntnisse von Menschen, die tatsächlich einen ungetrübten Einblick in die geistige Welt haben. Deswegen plädiere ich sowohl für die Anerkennung der Naturwissenschaften, was die materielle Welt betrifft, als auch für die Akzeptanz der geistigen Erkenntnisse überprüfbarer Medien und Nahtodberichte, deren Inhalte eine gewisse Wiederholbarkeit aufweisen. Ansonsten verfallen wir in eine Art fundamentalistische Haltung, die auch Hans-Peter Dürr[3] für nicht geeignet hält, um das »Wahre« zu erkennen.

Es gibt zwar schon einige Bücher über das Thema Spiritualität und Psychologie[4], aber meist wird das Thema Spiritualität dabei über eigene Erfahrungsmöglichkeiten der Bewusstseinserweiterung mittels Holotropen Atmens, Achtsamkeit, Meditation, Mythen, mystischen Erfahrungen usw. abgehandelt. Dagegen möchte ich in diesem Buch erst den Sinn des Lebens erklären, wie er sich erschließt durch Erfahrungsberichte über die geistige Welt, und daraus dann eine Psychotherapie ableiten, die diesem Sinn

3 H.-P. Dürr 2011, S. 112.

4 A. Bucher 2007, W. Belschner 2007, R. Marien 2019, P. M. Kobosil 2017, A. Maurer & H. P. Weidinger 2008, E. Zundel & P. Loomans 1994.

genügt. Dabei will ich konkrete und anschauliche Darstellungen über die geistige Welt nach dem Tod zusammenfassen, was damit weit über die Logotherapie Viktor Frankls, die Jung'sche Theorie der Archetypen und des kollektiven Unbewussten oder den Ansatz der Psychosynthese von Roberto Assagioli hinausgeht.

Da die jenseitige Welt verschiedene geistige Ebenen aufweist, die je nach Reife einer Seele geschaut und erlebt werden können, greife ich auf umfassende Darstellungen des Jenseits zurück, die aus der höchsten geistigen Ebene einigen Menschen vermittelt wurden, wie z. B. Emanuel Swedenborg, Jakob Lorber oder Silvia Wallimann u.v.a.m. Der Grund aus diesen Quellen zu schöpfen ist ein einfacher: Da die geistige Welt nicht mit unseren Sinnen und unserem Denken erfahren werden kann, muss ich auf Menschen zurückgreifen, die diese geistige Welt in einem anderen Bewusstseinszustand selbst erlebt haben oder Menschen, die medial veranlagt sind und von den in der geistigen Welt Lebenden etwas vermittelt bekommen haben. Erfahrungen von meditierenden Menschen, die in höhere Bewusstseinsebenen eintauchen können, oder aus der Reinkarnationstherapie streife ich in diesem Zusammenhang nur am Rande, weil sie nach meinen Kenntnissen nicht die nötigen differenzierten Darstellungen aufweisen. Aus diesen einzelnen Puzzleteilen habe ich versucht, eine Gesamtübersicht wie ein fertiges Puzzle zu entwerfen.

Es ist mir sehr wohl bewusst, dass die verwendeten Quellenangaben von den meisten Wissenschaftlern unserer heutigen Zeit noch nicht akzeptiert werden, auch wenn es bereits anerkannte Forscher gibt,[5] die sich für die wissenschaftliche Akzeptanz dieser Quellen einsetzen. Selbst unser Universalgelehrter Carl Friedrich von Weizäcker hat schon 1973 in einem gemeinsamen Buch mit Gopi Krishna (»Die biologische Basis der Glaubenserfahrung«) für einen erweiterten Horizont in Bezug auf wissenschaftliche

5 Dr. Pim van Lommel 2013, Dr. Eben Alexander 2018, Dr. Walter van Laack 2011, Prof. Ulrich Warnke 2018, Joachim Nicolay 2018, u.v.a.m.

Erkenntnis plädiert. Mitunter lag dies vermutlich daran, dass er selbst 1969 eine tiefgreifende spirituelle Erfahrung gemacht hatte und in diesem Sinne ein Vordenker und Visionär für die damalige Zeit war und eigentlich bis heute noch ist.

So bleibt mir nur zu hoffen, dass wir die Zeit der Vorherrschaft des naturwissenschaftlichen Denkens bald überwunden haben werden und die Zeit der Aufklärung weitergeführt wird im Sinne einer Integration von Natur- und Geisteswissenschaft mit den heutigen Erkenntnissen aus beiden Bereichen.[6]

6 vgl. H. Walach 2011, H.-P. Dürr 2011, D. MacGregor 2014, M. Fleischberger 2016, H. Volbehr 2014, F. Mann & C. Mann 2017, R. Weber 2012, B. Haisch 2018, K. Wilber 2013, A. Neyer 2021.

Einleitung

Die existenzielle Frage vieler suchender, aber auch leidender Menschen lautet: »Was ist der Sinn des Lebens?« Wenn wir die führenden Vertreter spiritueller Philosophie oder Psychotherapie zu diesem Thema befragen, bleibt die Antwort stets ein wenig nebulös, schwammig oder im Wesentlichen unbeantwortet. Dagegen geben viele Menschen, die schon im Jenseits waren oder mit den verstorbenen Seelen in Verbindung stehen, eine eindeutige Antwort: Du bist hier auf der Erde, um seelisch zu reifen durch stetige Weiterentwicklung deiner Liebestätigkeit und Überwindung deiner negativen Charaktereigenschaften (wie etwa Selbstsucht, Neid, Stolz, Verleumdung, Überheblichkeit u.v.a.m.). Damit hat ein Psychotherapeut, wenn er sich auf diese Quellen verlässt, auch schon eine Vorlage bekommen, in welche Richtung er mit dem Patienten gehen sollte, damit er ihn zu psychischer Stabilität und spiritueller Erfüllung führt.

Doch zunächst wird es im ersten Kapitel darum gehen, eine Ordnung der Erfahrungsberichte aus dem Jenseits überblickartig zusammenzustellen. Hierbei werden alle möglichen Ebenen des Jenseits aufgezeigt und anhand konkreter Beispiele aus der Literatur der Jenseitsforschung die Schilderung dieser Bereiche vorgenommen.

Im zweiten Kapitel möchte ich einen kleinen Exkurs über die Geschichte des geistigen und des materiellen Lebens geben und diesen mit der Darstellung über Reinkarnation und was diese alles beinhaltet beenden.

Im dritten Kapitel beleuchte ich vorhandene psychotherapeutische Methoden vor dem Hintergrund der in den beiden ersten Kapiteln vorgestellten spirituellen Grundlage.

Im vierten Kapitel stelle ich meine eigenen Module zur Ich- und Selbstentwicklung in der Psychotherapie dar. Diese Module stützen sich auf vorhandene psychologische Interventionstechniken und sind von mir in Bezug auf den spirituellen Hintergrund der Nahtoderfahrungen abgewandelt worden.

Im fünften Kapitel gehe ich auf die Voraussetzungen für einen spirituellen Psychotherapeuten ein.

In einem Nachwort, welches das sechste Kapitel bildet, skizziere ich die Integration des in diesem Buch vorgestellten Wissens in die Bildung, genauer gesagt in die Schul- und Lehrerausbildung.

Und am Schluss gebe ich in den Angaben zur eigenen Person einen Einblick in meine eigene spirituelle Entwicklung und meinen Seelenreifungsprozess.

Hinweise zur Quellenangabe und der verwendeten Literatur

Um etwas über die geistige Welt nach dem Tod aussagen zu können, sollte man selbst dort gewesen sein oder Menschen zitieren, die etwas in diesem Bewusstseinszustand erlebt haben. Bis ich zu dieser Erkenntnis kam, habe ich viele andere Quellen durchforscht, die mich nicht wirklich zufriedengestellt haben. Nach der Literatur der Philosophie war ich trotz einiger Andeutungen oder langen vernunftdominierten Auslegungen über die wahre geistige Welt (vom Höhlengleichnis Platons bis Ken Wilber) enttäuscht von dem wenigen Konkreten, was dazu von dieser Literatur in Erfahrung zu bringen ist. Auch die theoretischen Ausformulierungen der verschiedenen Religionen brachten nur symbolhaftes oder allgemeines Wissen zum Vorschein. Selbst das Studium der Mystiker aller Religionen (Christliche Mystik, Buddhisten, Yogis, Sufis oder die in der jüdischen Mystik beheimateten Kabbalisten) führte nur zur Erkenntnis, dass Mystiker aus allen Religionen einheitliche Bewusstseinszustände beschreiben (göttliche Licht-, Liebes- und Einheitserfahrung), d. h. eine einheitliche Gotteserfahrung über alle Religionsrichtungen hinweg. Man kann über verschiedene Hingabemethoden, Herzöffnungswege und Konzentrationsstrategien diese Erleuchtungserfahrung im Sinne einer Berührung mit dem göttlichen Geist in einem Gnadenakt bekommen. Aber das ist noch keine konkrete Beschreibung des Jenseits.

Deswegen kam ich zunächst auf die Literatur über Nahtoderfahrungen (NTE). Nach ca. einhundert Erfahrungsberichten ähnelten sich die Beschreibungen im Allgemeinen, während sie im Konkreten ganz individuelle Angaben enthielten. Doch eine Unzufriedenheit blieb bei mir immer bestehen: Diese Menschen, die dies erlebt haben, sind nicht wirklich tot in dem Sinne, dass sie nicht mehr aus dem Jenseits zurückkommen. Dennoch haben sie oft viel mehr und Konkreteres erlebt als Mystiker, die in einen höheren Bewusstseinszustand gekommen sind. Daher ging die Suche in der Literatur nach Berichten von »wirklich Verstorbenen« weiter. Nach wiederum ca. einhundert Berichten von Verstorbenen, die durch medial veranlagte Menschen übermittelt wurden, festigte sich das Bild vom Jenseits und ergänzte die Berichte der Nahtoderfahrungen, weil die schon länger in der geistigen Welt Weilenden auch schon mehr Erfahrungen sammeln und mehrere Ebenen durchlaufen konnten. Sowohl von der ersten Quelle (NTE) als auch von der zweiten Quelle (mediale Durchsagen) gibt es tausende von Berichten aus der ganzen Welt, die teilweise auch im Internet (YouTube z. B. thanatos.tv, ERF) veröffentlicht sind.

Doch auch bei der letztgenannten Quelle (mediale Durchsagen) gibt es Einschränkungen, die eine Unzufriedenheit in Bezug auf die Vollständigkeit des übermittelten Wissens erzeugen: Die meisten Durchsagen werden von »Vor-kurzem-verstorbenen-Menschen« beschrieben. Da es aber aus den bisherigen Erfahrungsberichten offensichtlich wurde, dass es viele verschiedene Ebenen gibt im Jenseits, wäre es natürlich von Vorteil, wenn man von den jenseitigen Seelen Durchsagen bekäme, die alle Bereiche im

Jenseits aufgrund ihrer hohen seelischen Entwicklungsstufe überblicken. Das hieß für mich konkret, dass ich Übermittlungen von Gott selbst oder sehr hoch entwickelten Seelenwesen heranziehen musste, um einen umfassenden Überblick über alle vorhandenen Jenseitsebenen zu bekommen. Und dabei sind mir Bücher von Jakob Lorber, Emanuel Swedenborg, Silvia Walliman, Jana Haas, James van Praagh, Unicon-Stiftung u. a. eine wahre Schatztruhe gewesen. Aus ihnen, und dies ist meine dritte Quelle, habe ich das vorhandene Jenseitswissen komplettiert und zu einem Puzzle zusammengestellt, das ich im Folgenden darlege.

1. Ein Überblick über die geistige Welt im Jenseits

1.1. Allgemeine Bedingungen im Jenseits

Jedes Schicksal ist ein Einzelschicksal und hat dementsprechend auch etwas ganz Individuelles vor und nach dem Tod an sich. Doch es gibt bestimmte Regeln und Gesetze, denen alle gleich unterworfen sind. Diese allgemeinen Regeln im Jenseits versuche ich nun zusammenzufassen:

- Jeder Mensch behält erst einmal nach seinem Tod dasselbe Aussehen wie zu Lebzeiten. Sein Körper besteht aber nicht aus Haut und Knochen, sondern ist feinstofflicher Natur und ist veränderbar.
- Die Gedanken- und Gefühlswelt, die der Mensch zu Lebzeiten hatte, nimmt er mit in die jenseitige Welt.
- Die Kommunikation im Jenseits mit anderen Seelen verläuft telepathisch.
- Es gibt dunkle und helle Bereiche im Jenseits. In den dunklen Bereichen verweilen Seelen, die selbstsüchtig waren, in den hellen befinden sich Seelen, die zu Lebzeiten dienend und liebend waren.
- In den dunklen Bereichen sind Emotionen wie Verzweiflung, Einsamkeit, Verwirrung, Angst, Aggression vorherrschend, in den hellen Bereichen werden die Seelenkörper durchflutet mit göttlicher Liebe.
- Gleiches zieht Gleiches an, d. h., dass jede Seele je nach ihrer Lebensweise und Gedankenmuster in die Sphäre kommt, die ihr am ähnlichsten ist und auch dort wiederum nur Gleichgesinnte trifft.
- Der Wille jeder Seele im Jenseits ist frei. Will sich eine Seele aus einer misslichen Lage befreien, muss sie ent-

sprechende Gedanken und Gefühle erzeugen, z. B. durch Reue und Einsicht, die dann der jeweiligen höheren Sphäre entsprechen, um damit in eine höhere Sphäre wechseln zu können.

- Ziel einer jeden Seele ist es, durch eine entsprechend immer mehr anwachsende Liebestätigkeit gegenüber anderen Seelen und gegenüber dem göttlichen Ursprung zu einer Seelenreife zu gelangen, die letztendlich in der Vereinigung mit dem göttlichen Ursprung mündet. In diesem Zustand sind der Wille des göttlichen Ursprungs und der jeder einzelnen Seele eins.

In diesem letztgenannten Punkt liegt der Sinn des Lebens – egal, ob im Diesseits oder im Jenseits. Mit anderen Worten ausgedrückt: In jedem Menschen ruht der göttliche Funke im Wesenskern, den es durch ständig anwachsende Liebestätigkeit zu entfalten gilt.

Hauptgegner ist das selbstsüchtige Ich. In diesem finden sich zahlreiche Charaktereigenschaften wie Hochmut, Neid, Geiz, Rechthaberei, Stolz u.v.a.m. Gute Eigenschaften, die der Liebestätigkeit dienlich sind und die durch eine »positive« Ich-Entwicklung erworben werden, wären u. a. Mitgefühl, Barmherzigkeit, Demut, Willenskraft, Hingabe, Geduld und Hilfsbereitschaft. Der innere göttliche Kern jedes Menschen ist vollkommen und kann durch nichts verändert werden. Um zu dieser inneren Vollkommenheit zu gelangen, bedarf es eines reinen und liebenden Gemüts, das sich nicht auf Abwege bringen lässt.

Warum es so wichtig ist, dieser Lebensrichtlinie zu folgen, machen die Erfahrungsberichte aus dem Jenseits – speziell die, die über die dunklen Bereiche Auskunft geben – klar.

Bevor ich auf die Darstellungen der jenseitigen Finsternis zu sprechen komme, möchte ich die jenseitige Welt in den unteren hellen Lichtebenen schildern, weil davon die meisten Erfahrungsberichte handeln. Silvia Wallimann u.a. sprechen von drei Haupt-Sphären im Jenseits: die Astral-, die Mental- und die Kausalsphäre. Nach dem Tod kommt fast jede Seele in die Astralsphäre, die der Erdsphäre nah und ähnlich ist. Diese – wie auch die anderen Sphären – ist in sieben Bereiche untergliedert, die dann wieder feinere Untergliederungen haben. Die ersten drei Bereiche der Astralsphäre sind dunkel bis grau. »In den ersten drei Dimensionen können die Entwicklungsprozesse Jahrhunderte, ja, manchmal Jahrtausende nach unseren Zeitbegriffen dauern.«[7] Die anderen vier Sphären werden immer licht- und liebesdurchfluteter. Die meisten Menschen kommen nach ihrem Tod entweder in die dritte Astralsphäre (grau) oder die vierte (Licht und Liebe in der anfänglichen Form). Von dieser vierten Astralebene wird im Folgenden die Rede sein.

1.2. Die jenseitigen Erfahrungen eines durchschnittlich guten Menschen

Die meisten Menschen begegnen nach ihrem Tod in dem Licht erst einmal ihren verstorbenen Verwandten, die sie abholen. Das ist oft das erste und einzig Vertraute, das ihnen in der geistigen Welt erscheint. Fast alle Verwandten und dort lebenden Seelen präsentieren sich im Alter zwischen 30 und 35 Jahren. Die Gegend, die man wahrnimmt, entspricht der Landschaft, in der man zuletzt gelebt hat und an die man gewöhnt war. Doch die Farben, die man hier erlebt, sind wesentlich intensiver und lebendiger als auf der Erde. Prinzipiell ist es so, dass man all diejenigen, die man geliebt hat, auch hier wiederfindet, z. B. auch seine Haus- oder anderen Lieblingstiere. Meist folgt nach einer kurzen Eingewöhnungszeit die Begegnung mit einem hellen Lichtwesen, das man als den eigenen geistigen Begleiter (Schutzengel) zu Lebzeiten identifizieren kann, obwohl man dieses Wesen noch nie zuvor gesehen hat. Das liegt daran, dass das Erkennen nicht über das Äußere, sondern

7 S. Wallimann 1997, S. 45.

über die innere Verbindung zu dieser Seele stattfindet. Dieses Erkennen und Erfassen von Beziehungen geschieht im Jenseits viel allumfassender, als es durch die menschlichen Sinne zu Erdzeiten möglich ist. Viele Berichte von Nahtoderfahrungen geben dies wieder, indem jemand einen Verwandten, den er nie zuvor gesehen hat, im Jenseits sofort erkennt.[8]

Nun folgt oft eine kurze Lebensrückschau zusammen mit dem geistigen Begleiter, der einen besser kennt als jeder andere und vor dem man nichts verstecken kann. Diese Lebensrückschau beinhaltet detaillierte Situationen, in denen man anderen Menschen entweder geschadet oder ihnen eine Freude bereitet hat. Oft wird einem dabei längst Vergessenes wieder vor Augen geführt. Dabei nimmt man nicht nur seine eigenen Emotionen, sondern vor allem die Emotionen des Gegenübers und manchmal auch die von dessen Angehörigen wahr. Die Intensität dieser Emotionen ist wesentlich stärker als man sie je auf der Erde empfinden kann. Das ganze Ausmaß der Folgen, die man durch sein eigenes Verhalten ausgelöst hat, wird einem in diesem Moment erst richtig bewusst. Normalerweise bereut eine Menschenseele in diesem Moment ihre negativen Taten. Diese Reue findet aber nur dann statt, wenn der Mensch zu Lebzeiten schon einigermaßen offen war. War der Mensch auf der Erde sehr stur, rechthaberisch oder stolz, ist Reue auch in diesem Moment nicht wahrscheinlich. Ich formuliere es deswegen so vage, weil es eben manchmal Sonderfälle gibt, bei denen zu Lebzeiten sture und uneinsichtige Menschen im Jenseits dennoch nach dem Erleben der eigenen Lebensrückschau einsichtig werden.

Hier scheidet sich nun die Spreu vom Weizen. Während die reuige Seele gerade durch diese tiefe Einsicht eine innere Wandlung erfährt, die es ihr ermöglicht, in eine dieser Wandlung entsprechenden Sphäre zu wechseln (je nach Grad ihrer inneren Liebesfähigkeit), verbleibt die uneinsichtige Seele in einer der unteren Ebenen – entsprechend

8 Todd Burpo 2014.

dem Grad ihrer Liebestätigkeit zu Erdzeiten. Hier gilt dann wieder die Regel: Gleiches zieht Gleiches an. Ich betone hier, dass niemals von einem strafenden Gott die Rede ist, sondern nur von einem im Jenseitigen gültigen Gesetz: Gleiches zieht Gleiches an. Und dabei ziehen liebevolle Gedanken und Tätigkeiten die Lichtsphären an und die selbstsüchtigen Gedanken und Taten die dunkleren Sphären.

Je nach Auffassungsvermögen und Neigung jeder einzelnen Seele geschieht die weitere Fortentwicklung entweder schnell oder langsam. In unzähligen Berichten wird dann von einer oder mehreren Unterweisungen erzählt. Manchmal geschieht dies in einer Schule, ähnlich wie auf der Erde, nur mit dem Unterschied, dass der Lehrer eine sehr weise, helle Lichtgestalt ist und ganz andere Inhalte lehrt. Manchmal geschieht dies im Kreis mehrerer dieser hellen Lichtgestalten und manchmal als Einzelunterricht. Für gewöhnlich wird man dabei über die Beschaffenheit der geistigen Welt aufgeklärt. Auch das ist wiederum sehr speziell gehalten, je nach Neigung, Neugier und Reife einer Seele. Jede Seele kann sich je nach Talent und Interesse für die Tätigkeit entscheiden, die ihr am meisten zusagt. Dies kann z. B. Musik, Kunst oder wissenschaftliche Forschung sein, die quasi in jenseitigen Universitäten gelehrt werden. »Jegliche Forschung, die hier auf Erden betrieben wird, hat ihren Ursprung in der Geistigen Welt. Jenseitige Wissenschaftler beschäftigen sich dort intensiv mit allen erdenklichen Forschungsgebieten, um den Stand der Wissenschaft auf Erden voranzubringen. Einerseits inspirieren sie irdische Wissenschaftler und weisen den Weg zu neuen Entdeckungen, welche die Menschheit weiterbringen. Andererseits nehmen sie Erkenntnisse aus diesen Forschungen bei einer neuen Inkarnation mit, um so Entwicklungen auf der Erde voranzutreiben.«[9]

In den meisten Fällen wird es aber so geschildert, dass eine Seele nach der Unterweisung eine Aufgabe je nach ihrer Entwicklungsreife übernimmt, nämlich als geistiger Be-

9 R. Baumgartner 2020, S. 129.

gleiter (Schutzengel) für eine Erdenperson (meist aus der eigenen Familie) oder als Begleiter für eine etwas weniger reife Seele im Jenseits. Durch diese liebevolle Begleitung und Unterstützung vollzieht sich dann eine immer reifere Entwicklung dieser Seele. Denn die ichbezogenen Einstellungen der Seelenpersönlichkeit sind ja mit dem Abstreifen des physischen Körpers nicht verschwunden und auch nicht mit dem Erkennen der eigenen Fehler nach der Lebensrückschau. Sie sollten durch dienende Liebestätigkeit langsam oder schnell – je nach Vorarbeit zu Lebzeiten auf der Erde – transformiert und überwunden werden, damit man in eine nächsthöhere Sphäre aufsteigen kann.

Eine eindrucksvolle Beschreibung über die Hilfestellung von geistigen Begleitern, die ihren ihnen anvertrauten Menschen helfen wollen, gibt Joy Snell. Sie hatte aufgrund ihrer medialen Veranlagung seit frühester Kindheit öfters innere Begegnungen mit Verstorbenen und später mit ihrer verstorbenen Mutter. Zu dem Thema, wie Engel die Menschen begleiten, fragte sie ihre Mutter wie folgt:

»›Ja, und wie helfen sie ihnen, Mutter?‹, fragte ich. ›Indem sie sich bemühen, ihnen [den Menschen, der Verf.] Gedanken der Geduld, des Mutes, an Gott einzuflößen. Indem sie suchen, ihnen Ideen ins Gemüt zu pflanzen, die in ihnen edlere Wünsche auslösen als nur die Befriedigung tierischer und selbstsüchtiger Bestrebungen. Oft, sehr oft sogar leider, ist ihr Bemühen vergeblich, da das Gemüt von denen, die sie beeinflussen möchten, zu verdunkelt ist durch düstere, selbstsüchtige oder erniedrigende Gedanken, um das Licht zuzulassen, das die Engel ihnen bringen möchten.‹«[10]

Damit wird deutlich, dass die Kommunikation zwischen Menschen und jenseitigen Seelenbegleitern nicht oft von Erfolg gekrönt ist. Die meisten Menschen sind in ihrer spirituellen Entwicklung zu weit davon entfernt, diese Anregungen aus dem Jenseits über ihr inneres Gewissen und ihr Gemüt aufzunehmen.

10 J. Snell 2002, S. 56.

1.3. Berichte aus den dunkleren Jenseitsbereichen

Einen guten Überblick über die eher erschreckenden Nahtoderfahrungen bietet Dr. med. Barbara R. Rommer, die sowohl Berichte von anderen Autoren vorstellt als auch ihre eigene Studie mit über 300 Personen. Diese negativen Erfahrungen in der Dunkelheit machten vor allem Menschen, die sich in verschiedener Weise umbringen wollten und dann doch noch gerettet wurden oder Menschen, die zu Lebzeiten vor allem negative Charaktereigenschaften in die Tat umsetzten.

In dem Buch von Barbara Rommer kommen viele dieser untersuchten Personen zu Wort, wie z. B. Yolanda, die zu Lebzeiten eine Ungläubige war. Sie berichtet folgendes:

»Ich erlebte die Hölle, das Zwischending und den Himmel. Zuerst war ich an einem dunklen, kühlen Ort. Ich spürte Wesen um mich herum, konnte sie aber nicht sehen. Am Ende des dunklen Ortes war ein Licht, ein kaltes Licht, und ich wurde von diesen unsichtbaren Wesen darauf zugestoßen. Je näher ich kam, umso schlechter fühlte ich mich. Schließlich war ich nah genug, um sehen zu können und, obwohl das verrückt klingt, es sah aus wie das Tor zur Hölle, aus dem Millionen von großen Dämonenaugen hervorschauten. Mir war kalt und ich hatte Angst! Ich wusste, das war die Hölle und ich wollte dort nicht hin. Dann begann ich irgendwie rückwärts in die andere Richtung zu gehen.«[11] Als sie dann in ihrer Verzweiflung Gott anrief, »traf eine Art Licht, wie eine spirituelle Erleuchtung, meinen Kopf, ging durch mich und dann explodierte etwas in mir […] Und das Licht war, ganz so wie man immer liest, einfach alles Wissen, alles Leben, alle Schönheit und alle Liebe […] Mir wurde gesagt: ›Du machst das alles viel zu kompliziert – lernen, Liebe zu geben und Liebe zu empfangen, ist alles, was zählt auf Erden.‹ Nach dieser Erfahrung war die Welt eine andere – und ich war von Ehrfurcht ergriffen. Jetzt kann ich die Schönheit in den Menschen se-

11 B. R. Rommer 2004, S. 103.

hen, aber ich sehe auch, dass einige ihrer eigenen Schönheit gegenüber blind sind und sie deshalb nicht zeigen.«[12]

Angi Fenimore, die sich wegen ihrer Depressionen das Leben nahm und danach wieder zurückkam, beschreibt ihren Eintritt in die Dunkelheit so: »Um mich herum war alles schwarz. Meine Augen schienen sich anzupassen, und ich konnte klar sehen, obwohl es kein Licht gab. Ich war mir bewusst, dass ich auf etwas stand, aber da war nichts. Die Dunkelheit erstreckte sich in alle Richtungen und schien endlos, aber sie war nicht nur schwarz, sie war auch leer, ohne Licht. Ich wusste, dass sie ihr eigenes Leben und ihren eigenen Zweck hatte. Sie umgab mich vollkommen.« Es waren dann auch andere, wirklich gestorbene Selbstmörder zu erkennen, die »im Niemandsland der Dunkelheit in gedankenloser Dumpfheit verharrten«.[13] Sie erlebte dort eine entsetzliche Einsamkeit, kam dann aber in die Gegenwart Gottes und sah Jesus, der ihr die geplante Zukunft ihrer Kinder zeigte, die sich aber durch ihren Selbstmord vollkommen verändern würde. Da sie das nicht wollte, kam sie dann wieder zurück in ihren physischen Körper. Dieser Vorgang, in die Zukunft sehen zu können, wird häufig beschrieben, da es im Jenseits eine ganz andere Zeiterfahrung gibt, die weit in die Vergangenheit und in die Zukunft hineinreichen kann.

Auch der Kunstprofessor Howard Storm, der auf einer Europareise ernsthaft erkrankte und dann im Krankenhaus eine Nahtoderfahrung hatte, beschreibt, wie er durch sein bisheriges Leben, das er ungläubig und nur mit dem Streben nach eigenem Ruhm verbrachte, in einen Höllenzustand kam. Erst hatte er Probleme, sich von außerhalb seines Körpers zu betrachten; er dachte, es läge eine Wachsfigur im Krankenbett, die genauso aussehen würde wie er. Dies wird sehr häufig berichtet von Menschen, die zu Lebzeiten hundertprozentig davon überzeugt waren, dass das Leben mit dem Tod endet und dann nichts mehr geschieht.

12 ebd. S. 104.
13 A. Fenimore 1996, S. 126.

Dann hörte er Flüsterstimmen, die ihn anlocken wollten. Weil er nichts anderes vernahm, folgte er diesen Stimmen. Als es immer dunkler um ihn herum wurde, weigerte er sich, mit ihnen weiterzugehen. Daraufhin wurden diese ärgerlich und, obwohl er kein Wesen deutlich um sich herum sah, wurde er hin und her geschubst und die Gewalt gegen ihn steigerte sich ins Unermessliche. »Jeder neue Angriff war von einem Aufheulen grellen Gelächters begleitet. Sie gingen dazu über, Stücke meines Fleisches aus meinem Körper herauszureißen [...] Es handelt sich bei ihnen nicht um Dämonen, das möchte ich klarstellen, es sind in Dunkelheit existierende menschliche Wesen.«[14] Auf dem Tiefpunkt seiner inneren Verzweiflung hörte er eine Stimme aus seiner Brust heraus. Sie sagte: »Bete zu Gott.« Er weigerte sich, fand es lächerlich, weil er in seinem ganzen Erwachsenenleben nie gebetet hatte und es immer als Unfug abgetan hatte. Die Stimme wiederholte diesen Satz. Dieser Zustand änderte sich erst, als er zu beten begann. Dann änderte sich alles, er kam in das Licht und hatte eine Begegnung mit Jesus, die sein bisheriges Leben vollkommen veränderte. Er konnte Jesus und den anwesenden Engeln eine Fülle von Fragen stellen, die er alle beantwortet bekam.

Dies verdeutlicht folgendes: Die Bitte einer Seele um Hilfe, indem sie ihren Gott oder einen ihr bekannten Verstorbenen anfleht, verändert den Schwingungszustand und ermöglicht ihr, das Licht eines Lichtwesens wahrzunehmen.

Aber auch mediale Durchsagen geben Zeugnisse von Verstorbenen, die ihren Weg durch dunklere in hellere Sphären beschreiben.[15] Das in diesen Büchern beschriebene Geschehen spielt sich eher in einem Graubereich ab, die Häuser und die Gegend sehen verwahrlost und trostlos aus, der Zustand der Seelen wirkt verwirrt. Die Seelen, die dort anzutreffen sind, beschreiben sich so, dass sie zu Lebzeiten selbstsüchtig, ungläubig, sarkastisch u. a. waren. Diese medialen Durchsagen beziehen sich auf Verstorbene, die nicht

14 H. Storm 2008, S. 22.

15 Beatrice Brunner 2014, Eva Herrmann 1993.

wieder – im Gegensatz zu Nahtodeserfahrenen – auf die Erdenwelt zurückkommen. Deren Veränderungsprozesse im Jenseits von der Grau- in die Lichtsphäre verlaufen wesentlich langsamer. Die Einstellungen dieser Seelen verändern sich aber relativ schnell durch Einsicht, doch eine nachhaltige Veränderung ihres Erlebenszustandes erfolgt erst nach einem Tätigsein in der jenseitigen Welt z. B. durch Dienst an anderen Seelen und damit erst ändert sich parallel auch die äußere Erscheinungswelt im Jenseits.

Es lassen sich unzählige solcher Beispiele weiter anführen,[16] doch die Frage ist: Wie kann man diese Erlebnisse verstehen? Jana Haas (2012), die von Kindesbeinen an hellsichtig ist und auch mit Erzengeln in Verbindung steht, schreibt in ihrem Buch *Jenseitige Welten:* »Die tiefste Stufe der unteren Astralwelt ist die Hölle. Dies ist der niedrigste und dunkelste Energiezustand in den jenseitigen Welten. Hier herrscht generell eine negative Grundschwingung. Wie schon beschrieben, befinden sich hier alle Seelen, welche zu Lebzeiten Wut, Hass, Angst und Schrecken über die Menschheit verbreitet haben.«[17] Sie beschreibt weiter, dass die Menschen mit den Emotionen im Jenseits wieder aufwachen, die sie zu Lebzeiten gut kannten, dass viele Seelen gegeneinander einen Kampf führen und sogar wütend aufeinander einschlagen. Doch selbst in diesen dunklen Regionen »verlässt der Schutzengel die Seele nicht. Sobald sie irgendwann anfängt, sich zu läutern, und ihn schließlich wahrnehmen kann, umhüllt er sie mit seinen Lichtflügeln und begleitet sie zu den oberen Astralwelten«.[18]

Zieht man die prophetischen Seher wie Jakob Lorber oder Emanuel Swedenborg zu Rate, dann liest man, dass manche Seelen in der unteren Astralwelt durchaus Freude an ihren Taten empfinden. »Die Hölle ist ein Zustand, der denen behagt, die darin leben […] Gott wendet niemals sein Gesicht von jemandem ab. Noch weniger wird jemand in die Hölle geworfen. Gott ist die Barmherzigkeit und die

16 vgl. D. Brinkley 2010, Unicon 2012.
17 J. Haas 2012, S. 115.
18 ebd. S.116.

Liebe selbst. Es ist der Mensch allein, der das Böse wählt.«[19] Die Einstellungen der Seelen in den unteren Astralwelten spiegeln sich dort wider »gleich einem furchtbaren, endlosen Kampfestraum«.[20] Eine sehr detailreiche Schilderung der unteren Astralebenen findet man im Buch *Ein Wanderer im Lande der Geister* von Franchezzo (2021), der viele Facetten der Verbundenheit der dortigen Seelen mit ihren niederen Wunschbefriedigungen im Jenseits beschreibt, an die diese Seelen schon zu Erdzeiten gebunden waren und sie nur schwer loslassen können (Geiz, Sucht, Rachsucht u.v.a.m.). Diese Schrift wurde medial empfangen von A. Farnese und beschreibt die Entwicklung des Italieners Franchezzo in der Jenseitswelt von den dunklen Ebenen bis in die Lichtebene.

Dabei wird immer wieder auf den freien Willen einer jeden Seele verwiesen. Das Problem ist nur, dass ein Mensch sich auch im Jenseits nicht so schnell von seiner Überzeugung verabschieden wird, wenn er schon zu Lebzeiten von seinem selbstsüchtigen Tun (z. B. Ruhmsucht) hundertprozentig überzeugt war. E. Swedenborg (2005) drückt es so aus: »Menschen aber, deren Wahrheitsliebe auf weltlichen oder himmlischen Ruhm aus ist, können im Himmel nicht leuchten, da sie gar nicht durch das echte Licht des Himmels erfreut und angeregt werden, sondern durch das Weltlicht. Das aber ist ohne das himmlische Licht lauter Finsternis im Himmel.«[21] Über die nur weltlich Gebildeten im Jenseits sagt E. Swedenborg folgendes aus: »Es wurde mir gewährt, mit vielen Gebildeten nach ihrem Austritt aus der Welt zu sprechen. Einige hatten einen großen Ruf genossen und waren durch ihre Schriften in der literarischen Welt berühmt. Andere wiederum waren nicht so berühmt gewesen, besaßen aber doch eine tiefe Weisheit. Jene, die im Herzen das Göttliche leugneten, so sehr sie es auch mit dem Mund bekannt hatten, wurden so dumm, dass sie kaum imstande waren, auch nur eine Wahrheit des bürgerlichen Le-

19 Olof Lagercrantz 1997, S. 141.
20 Walter Lutz, 1979, S. 508.
21 E. Swedenborg 2005, S. 230.

bens, geschweige denn etwas Geistiges zu begreifen. Man spürte und sah auch, dass das Innere ihres Gemüts so völlig verschlossen war, dass es ganz schwarz erschien (dergleichen Dinge stellen sich in der geistigen Welt sichtbar dar). Sie konnten nicht das geringste Himmelslicht ertragen, folglich auch keinen Einfluss aus dem Himmel aufnehmen. Diese Schwärze des Inneren erschien intensiver und ausgedehnter bei denen, die sich auf Grund ihrer wissenschaftlichen Bildung gegen das Göttliche bestärkt hatten«.[22]

Es wird immer wieder darauf verwiesen, dass sich in der Dunkelheit nur die Einstellungen der Menschen in einer symbolhaften, traumähnlichen Form widerspiegeln, dass diese Widerspiegelungen aber durchaus intensiv erlebt werden. Die Lichtebenen dagegen werden als wirkliches und wahres Sein bezeichnet, wobei sich die Darstellungen im Licht in den höheren Sphären immer herrlicher und intensiver präsentieren. Dazu bekundet Jakob Lorber durch seine göttlichen Offenbarungen: »Im Jenseits hat des Menschen Seele zunächst nur sich selbst und ist die Schöpferin in ihrer Welt wie im Traum. In solch einer Welt kann es keine anderen Wege geben als die, die sich eine Seele aus ihrer Liebe, ihrem Willen und ihrer Phantasie gebahnt hat. Ist ihre Liebe und ihr Wille nach Meiner Ordnung gut und gerecht, wenn auch nur zum größeren Teil, dann wird solch eine Seele nach einigen bitteren Erfahrungen sich bald für die ordentlichen Wege entscheiden, auf ihnen vorwärtsschreiten und so von ihrem Phantasie- und Traumdasein in ein wahres, wirkliches Sein übergehen, in welchem ihr alles in stets hellerem Licht verständlich und begreiflich wird. – Wie wird es aber einer Seele in der anderen Welt ergehen, die auch nicht einen halben oder einen viertel Weg in Meiner Ordnung hat und darum auch keinen derartigen Weg finden kann? Siehe, das ist schon die eigentliche Hölle.«[23]

Dieses Kapitel ist etwas ausführlicher dargestellt, weil es die Tragweite der Entscheidungen und Einstellungen des

22 ebd. S. 237.
23 J. Lorber 1986, GEJ, Band 10, S. 212.

Menschen zu Erdzeiten so deutlich macht, berichtet sowohl von Nahtoderfahrenen als auch durch mediale Durchgaben kürzlich Verstorbener, und nicht zuletzt durch Kundgaben höherer geistiger Wesenheiten. Dies wird keinen unerheblichen Einfluss auf die psychotherapeutische Methode in der Heilbehandlung von Patienten haben, wenn man diese Erkenntnisse in die Heilbehandlung einer kranken Seele miteinbezieht.

1.4. Wenn Kinder sterben

»Wenn Kinder sterben, kommen sie in den Himmel.« Diesen tröstenden Satz hört man oft, wenn Menschen, die durch Tod ein Kind verloren haben, von Verwandten oder Freunden wiederaufgebaut werden sollen. Doch ist er auch wahr? Und wenn ja, wie sieht dieser Himmel denn aus? Kann dieser Himmel ein Baby, das auf Erden die Muttermilch noch bräuchte, auch adäquat versorgen?

Auf all diese Fragen gibt es Antworten: Eine sehr umfassende Studie über Nach-Tod-Kontakte (NTK) wurde in Amerika von Bill und Judy Guggenheim (1995) mittels über 3000 selbst geführten Interviews mit Menschen durchgeführt, die nach dem Tod eines ihnen vertrauten Menschen Kontakt zu diesem Verstorbenen hatten. Dabei kam unter anderem zutage, dass ca. 4% der amerikanischen Bevölkerung ein Nahtoderlebnis hatten, aber ungefähr 20% einen NTK zu einem Verstorbenen. Menschen, die ihr eigenes Kind verlieren, tun sich besonders schwer, diesen Verlust zu verarbeiten. Drei Beispiele aus dem Buch seien hier aufgeführt:

Steward, ein Konstrukteur aus dem Südosten der USA, verlor seinen zweijährigen Sohn durch einen Stromschlag. Im Krankenhaus waren alle Wiederbelebungsversuche erfolglos geblieben. Er wollte sich damit nicht zufriedengeben und seinen Sohn mit der ganzen Kraft seiner Liebe ins Leben zurückrufen, als er gerade in dem Moment von seinem verstorbenen Sohn eine Botschaft bekam: »Dad, tu das nicht. Es geht mir gut. Es ist alles in Ordnung.«[24] Deutlicher hätte es sein Junge ihm nicht sagen können und »er kam mir dabei reifer vor als ein Zweijähriger«, sagte sein Vater in dem Interview. Nach diesem Satz war alle Spannung von dem Vater gewichen.

Ein anderer Vater namens Randall, Dozent an einer Universität in Kalifornien, verlor seinen vierjährigen Sohn Timothy bei einem Autounfall. Er kämpfte mit Depressionen und dem Nichtwahrhabenwollen des Todes seines Sohnes. Zwei Wochen nach seinem Tod sah er seinen Sohn eines Abends durch die Haustüre kommen, »zum Anfassen real«. Der Vater war hellwach in dieser Situation. Der Sohn war weiß angezogen und hatte eine Lichtaura um sich herum. »Er sah sehr fröhlich und extrem glücklich aus. Er war in eine Wolke aus Licht gehüllt, die alles um ihn herum zu durchdringen schien. Timothy blieb vor mir stehen und sagte: ›Ich werde nicht mehr zurückkommen. Ich bin fortgegangen und möchte, dass du das weißt.‹«[25] Der Sohn sagte dies trotz seiner vier Jahre mit großem Nachdruck. Ab diesem Moment begann der Heilungsprozess des Vaters, der zwar immer noch Trauer und Schmerz fühlte, aber auch Freude und Hoffnung.

Wie wichtig es für den Verstorbenen ist, dass ihn seine Angehörigen loslassen, zeigt das dritte Beispiel: Neil aus Mississippi, früher Briefträger, verlor seinen 19-jährigen Sohn Ken wegen Herzrhythmusstörungen. Er wollte einfach nicht wahrhaben, dass sein Sohn gestorben war. Eines Tages, nach anderthalb Jahren, als der Vater am Grab seines Sohnes kniete, vernahm er seine Stimme: »Dad, ich bin's! Lass mich doch bitte los, damit ich es hier genießen kann. Mutter und du, ihr habt doch immer gesagt, wie wichtig es ist, Gott nahe zu sein. Und nun hinderst du mich daran, Ihm nahe zu sein und mich bei Ihm im Himmel wohl zu fühlen. Ich kann die Erfüllung, die Gott mir schenken will, nicht annehmen, weil du mich zurückhältst. Lass mich doch

24 B. & J. Guggenheim 1995, S. 277.
25 ebd. S. 279.

bitte los, lass mich den Himmel genießen.«[26] Bevor dies geschah, hatte der Vater Gott beinahe gehasst, und nun saß er da und bat Gott um Vergebung. Danach spürte er, wie eine zentnerschwere Last von ihm abfiel, der Schmerz war verschwunden, er verspürte einen »großen Frieden in seinem Herzen« und stand seit jenem Tag Gott näher als je zuvor.

Nicht jedem Elternpaar ist es vergönnt, dass es sein verstorbenes Kind in solchen Nachtodkontakten wahrnehmen kann. Leider – denn nach den beschriebenen Erfahrungen zu urteilen ist es ein großer Segen und eine Erleichterung für die Eltern, die Gewissheit zu haben, dass es ihrem verstorbenen Kind gut geht. Manche Hinterbliebenen suchen dann in ihrer Verzweiflung medial veranlagte Menschen auf, um diese Gewissheit zu bekommen. Auch bei diesen vermittelten Kontakten bezeugen die verstorbenen Kinder ihren Eltern, dass es ihnen sehr gut gehe. Sie sehen glücklich und gesund aus, auch wenn sie zu Lebzeiten Behinderungen hatten. Auch abgetriebene oder totgeborene Kinder leben im Jenseits weiter.[27] In den meisten Fällen sind bereits verstorbene Familienangehörige bei diesen Kindern. Diese Kinder hatten ihren frühen Tod auf der Erde bereits in ihrem Lebensplan, der in der geistigen Welt vor jeder Geburt mit der betroffenen Seele und deren geistigen Begleitern erstellt wird. Daraus wird ersichtlich, dass eine Seele, bevor sie in einen Körper hineingeboren wird, bereits voll ausgereift vorhanden ist. Der Lebensplan, den die Seele mit einem hoch entwickelten geistigen Begleiter erstellt, beinhaltet alle wichtigen Lebensereignisse wie z. B. Charakter der Eltern, Erziehung, genetische Komponenten, Sternzeichen, Anzahl eigener Kinder, Berufswahl, Wohnort etc. Dieser Lebensplan baut sich logisch aus vergangenen Leben dieser Seele auf und beinhaltet zahlreiche Aufgaben, an denen die Seele in diesem Erdenleben reifen soll. Wie die Seele dann als Mensch auf diese geplanten Vorkommnisse reagiert,

26 ebd. S. 280.
27 H. Rand 2011, P. Voggenhuber 2013.

ist jedem Menschen auf der Erde selbst und seinem freien Willen überlassen. Diese Reaktionen sind dann wieder die neue Saat, die ein Mensch für seine Zukunft (evtl. auch ein späteres Erdenleben) selbst bestimmt.[28]

Was können nun die Gründe für ein so kurzes Leben hier auf dieser Erde sein? Im Wesentlichen werden immer wieder drei Gründe angeführt:

1. Die Seele des Kindes braucht diese Erfahrung für ihren eigenen Seelenentwicklungsverlauf.
2. Seele und Körper passten von der Schwingung her nicht zueinander.
3. Die Seele des Kindes will den Eltern oder anderen Menschen durch ihren frühen Tod in ihren Seelenentwicklungsverläufen helfen (z. B., dass sich die Eltern mehr der geistigen Welt als der materiellen widmen und sich nach dem Tod des Kindes für die geistige Welt interessieren und ihr Leben dementsprechend umstellen).[29]

Es gibt auch hellsichtige Menschen, die bezeugen können, wie die Seele eines Verstorbenen kurz nach dem Tod von Engelwesen abgeholt und ins Licht begleitet wird. Schon während des Sterbens sind eine Reihe lichtvoller Engelwesen dabei, dem Menschen bei seinem Übergang vom Irdischen ins Geistige zu helfen.[30] Auch Sadhu Sundar Singh, bekannt als der Apostel des Ostens und des Westens,[31] war mit diesen übersinnlichen Fähigkeiten ausgestattet, und beschrieb eine Situation, in der ein Kind verstarb, folgendermaßen: »Ein kleines Kind starb an Lungenentzündung. Da kam eine Engelschar, um seine Seele in die Geisterwelt zu geleiten. Wie sehr wünschte ich, seine Mutter hätte den wundervollen Anblick sehen können! Dann hätte sie nicht geweint, sondern vor Freude gesungen; denn die Engel sorgen für die Kleinen mit einer Sorgfalt und Liebe, wie eine Mutter sie niemals zeigen könnte. Ich hörte, wie ein Engel

28 P. Voggenhuber 2013, S. 45 ff.
29 U. Hobbs-Scharner 2009, S. 45ff.
30 J. Haas 2012, S. 55 ff.
31 F. Heiler 1987.

zu dem anderen sagte: ›Sieh nur, wie die Mutter dieses Kindes über die kurze und zeitliche Trennung weint! In nur wenigen Jahren wird sie wieder bei ihrem Kinde sein.‹ […] Nach einigen Jahren starb auch des Kindes Mutter, und ihr Kind, das nun den Engeln gleich geworden war, kam mit anderen Engeln, damit es die Seele der Mutter willkommen heiße […] Und der Sohn sagte zu seiner Mutter: ›In der Welt, die doch nur das trübe Spiegelbild dieser wirklichen Welt ist, grämen sich unsere Lieben unseretwegen. Aber nun sage mir: Ist dies der Tod oder ist es nicht vielmehr das wirkliche Leben, nach dem sich unser Herz immer sehnte?‹ Die Mutter antwortete: ›Mein Sohn, dies ist wirklich das wahre Leben. Wenn ich in der Welt die ganze Wahrheit um das Jenseits gewusst hätte, hätte ich mich niemals über deinen Tod gegrämt.‹«[32]

Die detailreichste Schilderung über das jenseitige Kinderparadies findet man bei dem Schreibmedium Jakob Lorber in seinen Werken *Die Geistige Sonne Bd. 2* (1989) oder *Das jenseitige Kinderreich* (1987). Hier beschreibt er, wie die Seelen der Kinder je nach Entwicklungsstand in wunderbaren Einrichtungen gepflegt und unterrichtet werden. Auch die vielzitierte Weisheit, die schon so manche Kinder in der jenseitigen Welt haben, begründet sich auf das offene Herz der Kinderseelen und den göttlich liebevollen Umgang der engelhaften Lehrer. In diesem geistigen Umfeld findet eine schnellere, umfassendere und in ihrer Tiefe nicht zu überbietende Bildung statt, und diese Wesensbildung ist der Bildung, die man bislang auf der Erde kennt, haushoch überlegen.

Andere detailreiche Schilderungen von Kindern aus dem Jenseits findet man bei medial veranlagten Menschen wie James van Praagh (2014) oder Pascal Voggenhuber (2018). Aber auch Nahtoderlebnisse werden von Kindern als wunderschöne Erfahrungen wiedergegeben.[33] Ein wunderbares und aufklärendes Buch für Kinder und Jugendliche schrieb

32 in J. Lorber (1987), S. 7–8.

33 P. M. H. Atwater 2020, Todd Burpo 2014, Melvin Morse/Paul Perry 1990.

Dr. Jean-Jacques Charbonier (2018) mit dem Titel: »Wenn dein Kind über den Tod sprechen will«.

1.5. Erdgebundene Seelen und ihr Wirken

Außer dem Aufenthalt der Seele in den lichtvollen oder den dunklen Jenseitsbereichen gibt es noch eine dritte Möglichkeit des Weiterlebens. Es gibt zahlreiche Menschen, die nach dem Tod aus verschiedenen Gründen in ihrem gewohnten Lebensumfeld auf der Erde in ihrem Seelenkörper, quasi als Geist, weiterleben. Auf diese Gründe möchte ich kurz näher eingehen.

Es kommt nicht selten vor, dass Menschen, die überzeugt waren, nach dem Tod existiere nichts mehr, nach ihrem Übertritt in die geistige Welt glauben, sie seien gar nicht tot, sondern lebten auf der Erde weiter, da ja ihr Seelenkörper dem physischen Körper gleichsieht. Dass ihre noch lebenden Angehörigen nicht mehr mit ihnen sprechen und sie nicht mehr beachten, können sie sich zwar nicht erklären, doch es interessiert sie auch nicht besonders. Einige denken, ihre Angehörigen seien taub geworden. So gehen manche ihrem gewohnten Tagesgeschehen nach in der Überzeugung, sie leben mit ihrem physischen Körper weiter. Dies geschieht besonders dann, wenn der Tod ganz unerwartet und schnell eintrat, z. B. nach einem Unfall oder im Schlaf.

Aus meiner eigenen psychotherapeutischen Praxis möchte ich einen solchen Fall schildern: Eine junge Frau kam zu mir und sagte, jede Nacht um drei Uhr erscheine ihr verstorbener Mann und würde zu ihr sagen: »Komm zu mir, ich bin nicht tot«. Sie säße dabei kerzengerade im Bett, die Augen offen, ihr Zustand sei angsterfüllt und dann verschwände die Erscheinung ihres Mannes wieder. Ihr Mann sei einige Wochen vorher bei einem Baggerunfall überraschend gestorben. Der Mann war vollkommener Realist gewesen und habe nur an die materielle Welt geglaubt. In seiner Persönlichkeit steckte eine große Portion Sturheit. Nachdem ich der Patientin eine kurze Einführung über das Weiterleben nach dem Tod gegeben habe, beschlossen wir, Kontakt zu ihrem verstorbenen Mann aufzunehmen und ihn in das jenseitige Licht zu schicken. Dazu versetzte ich die Patientin in eine Grundentspannung und ließ sie dann ihren Mann vor ihrem geistigen Auge mit all ihrer Liebe und Konzentration vorstellen. Als sie ihn vor sich sah, erklärte sie ihm das Weiterleben nach dem Tod in seinem feinstofflichen Körper, der ähnlich aussehe wie der physische Körper, und bat ihn, dass er an seine Mutter denken solle, die ein Jahr zuvor gestorben war. Die Mutter erschien ihm und winkte ihn zu sich. Der Mann ging mit der Mutter und besuchte seine Frau seither nie wieder.

Diesen Mann mithilfe seines Schutzengels oder einer anderen göttlichen Gestalt in die Lichtebene schicken zu wollen, hätte wahrscheinlich wenig Wirkung gehabt, weil er zu Lebzeiten vollkommen ungläubig war. Diese Ungläubigkeit und die vollkommene Uninformiertheit über das Leben nach dem Tod, gepaart mit einem Schuss Sturheit oder Rechthaberei, sind ein Grund, warum viele Seelen nicht gleich den Weg ins Licht finden.

Ein anderer Grund für ein Anhaften an der Erdenwelt ist z. B. starkes Suchtverhalten, das die Verstorbenen in ihrem feinstofflichen Körper mit in die geistige Welt nehmen. War die Sucht entsprechend stark und hat zu einem negativen Lebenswandel geführt, so suchen die meist dunkel erscheinenden feinstofflichen Seelenkörper die Orte auf der Erde auf, an denen sie ihrem Suchtverlangen erlegen sind (Kneipen, Bahnhofsareale, etc.). Eine medial veranlagte Krankenschwester, die wunderbare Einblicke in die geistige Welt hatte, beschreibt dies so: »Ich beobachtete einige der Dunklen. Ich bemerkte, dass sie besonders zahlreich waren bei ausgedehnten Zechgelagen, und wenn einige in diesen Gruppen zornig wurden und Streit anfingen, kam ein Ausdruck wilder Freude in die Gesichter der Dunklen.«[34] Viele dieser geistigen Wesen suchen dabei eine derartige Nähe zu Menschen auf, damit sie den Rausch miterleben können. Manche jenseitigen Wesen feuern dabei die Menschen auch noch an, mehr zu trinken oder aggressiv aufeinander loszugehen.

Eine andere Form von Beeinflussung der erdgebundenen Seelen ist unter dem Begriff »Besetzung« bekannt. Umfassende Berichte stammen von Dr. med. Carl Wickland und seiner medial veranlagten Frau. Über eine Elektroschockbehandlung seiner psychiatrisch kranken Patienten veranlasste er den erdgebundenen Geist von den Patienten in Frau Wickland »überzugehen«. Carl Wickland konnte dann mit der erdgebundenen, meist verwirrten Seele sprechen, die dann wieder mit einer veränderten Stimme durch den Körper seiner Frau antwortete, und forderte sie dann auf, in das Lichtreich zu gehen. Noch umfassendere Einsichten gibt uns der verstorbene Dozent Dr. Karl Nowotny in seinen *Medialen Schriften*[35] von den Besetzungsvorgängen, die er aus dem Jenseits heraus beobachten und einem Schreibmedium diktieren konnte. Diese Besetzungen finden nur bei Menschen statt, die eine schwache Persönlichkeitsstruktur aufweisen, und in ihren Neigungen den Neigungen der erdgebundenen Seelen ähnlich sind. »An willensstarke und seelisch gesunde Menschen kommen sie (erdgebundene Seelen, Anm. d. Verf.) nicht leicht heran. Sie können diese höchstens kurze Zeit belästigen und stören, aber niemals von ihnen Besitz ergreifen. Besonders dann nicht, wenn diese Menschen mit ihrem geistigen Führer in gutem Kontakt leben und dadurch gegen Angriffe von außen geschützt sind.«[36]

Immer wieder ist zu lesen, dass auch die Angehörigen von Verstorbenen durch extreme Trauer oder Wut auf den Verstorbenen diesen an die Erdsphäre binden. Auch bei verstorbenen Kindern, deren Eltern nicht über den Tod des

34 Joy Snell 2002, S. 58.
35 Bd.1-6, 1990.
36 Nowotny 1989, Bd.1, S. 77.

Kindes hinwegkommen, kann dies geschehen. Dabei versuchen die verstorbenen Seelen den Angehörigen ständig mitzuteilen, dass es ihnen gut gehe und sie sich wieder ihrem eigenen Leben zuwenden sollen. Auch dieser Aspekt des Loslassens vonseiten der Angehörigen durch Überwindung der Trauer und Vergebung kann eine erdgebundene Seele zu ihrem Aufstieg in die Lichtebenen verhelfen. Aber auch das Nicht-Loslassen-Können eines Dogmas kann einem Verstorbenen den Weg in das Licht versperren. Jana Haas, die medial mit Verstorbenen kommunizieren kann, berichtet von einem bekannten buddhistischen Meditationsmeister, der nach seinem Ableben von einer furchtbaren Angst gequält war, nämlich als Tier wiedergeboren zu werden. Ihr Bemühen, ihn ins Licht zu begleiten, schildert sie folgendermaßen: »Ich versuchte wiederholt vergeblich, ihn zum Weg ins Licht zu ermuntern: Er vertraute mehr auf seine dogmatische Vorstellung.«[37] Einen allgemeinen Überblick über dieses Thema findet man in dem Buch der Unicon-Stiftung *Erdgebundene Geistwesen* (2016), in dem viele mediale Durchsagen zu diesem Thema zusammengefasst sind.

1.6. Einblick in die höheren Lichtebenen

Während in den unteren Lichtebenen vieles noch ähnlich erscheint, wie wir es von unserem Leben auf der Erde kennen, so unbeschreiblich und fantastisch klingen die Berichte, die wir von den höheren Lichtebenen haben. Normalerweise kann dort nur eine Seele einen Einblick bekommen, die absolut rein und voll der Liebe zum göttlichen Ursprung ist, andererseits würde sie das reine Licht dort nur blenden oder versengen. Diejenigen, die dennoch in die höheren Lichtebenen hineinschauen konnten, berichten davon, dass sie vorher von einem Wasser getrunken oder einer Frucht gegessen haben (oder in einer anderen Weise auf diese Hel-

37 J. Haas 2012, S. 115.

ligkeit vorbereitet wurden), wodurch ihr Lichtkleid anfing, stärker in hellerem Licht zu strahlen.

Joy Snell beschreibt auf ihren medialen Reisen: »… und wir kamen zu einem gewaltigen Gebäude, das aus reinstem Marmor zu sein schien. Baulich war es in der Art griechischer Tempel. Über breite Stufen kamen wir zu einem säulenartigen Porticus und traten durch diesen in eine große Halle. Die Wände waren in Karmin drapiert, aber der Materialstoff, wenn man es so nennen kann, war wolkenartig. Als ich versuchte, es zu befühlen, fühlte ich nichts. Im Innern standen zwischen Palmen manche Skulpturen – Einzelfiguren und Gruppen – alle, wie es schien, aus Marmor. Dazwischen waren Palmen angeordnet. Die Luft war mit wunderbarem Wohlgeruch angefüllt. Die hervorragende Schönheit der Bildwerke erfüllte mich mit Bewunderung.«[38] Und weiter schreibt sie: »Die herrlichen Gebäude verschwanden vor meiner Sicht, und ich sah weithin eine Menge Engel, die Lob- und Danklieder sangen, in die ich unwiderstehlich einstimmen musste. Es war ein solch erhabenes und glorreiches Bild von Freude und Glückseligkeit, wie man es sich auf Erden nur dunkel vorstellen kann.«[39] Auch die medial veranlagte Silvia Wallimann schreibt in ihrem Buch *Brücke ins Licht* über die siebte Astralebene (Himmelsstadt): »Die erste Stufe der siebten Dimension der astralen Welt ist die Sphäre der Gebete und Gesänge. Hier sind die Wesen ausschließlich vom Sehnen nach Gott getragen. Es brennt in ihnen wie eine Kerze, die sich in Stille und Demut selbst verzehrt […] Es ist ein einziger Fluss von Licht, einem Licht, das unserem Verständnis nicht zugänglich ist.«[40] Selbst aus dieser Ebene können sich Seelen aus uneigennütziger Opferbereitschaft auf der Erde inkarnieren, um dem Heilsplan Gottes durch ihr Wirken auf der Erde zu dienen.

Eine der wohl außergewöhnlichsten Nahtoderfahrungen übermittelt uns ein von Kindheit an begnadeter

38 J. Snell 2002, S. 75.

39 ebd. S. 76.

40 S. Wallimann 1989, S. 55.

Mensch mit einem besonderen Auftrag in diesem Leben, Richard Sigmund. Er beschreibt, wie er vor den Thron Gottes tritt: »Etwas wurde mit mir gemacht, damit ich die Gegenwart Gottes aushalten konnte [...] Der Thron war aus einem himmlischen Material gefertigt. Er war durchsichtig wie Kristall, doch bestand er aus etwas, das wie Gold und Elfenbein, wie Silber, kostbare Edelsteine und Juwelen wirkte, die alle glitzerten [...] Es ging etwas von ihm aus, das wie Lichtstrahlen aussah; sie kamen aus dem Material hervor, aus dem der Thron gemacht war. Gewaltige Wellen der Herrlichkeit fegten durch ihn hindurch – flüssiges Feuer durchdrang das Baumaterial. Von dem Gebäude selbst gingen Strahlen der Herrlichkeit aus. Etwas war mit meinen Augen passiert. Ich konnte plötzlich die Dinge Gottes ansehen, die ansonsten meine natürlichen Augen zu stark geblendet hätten. Aus dieser Entfernung konnte ich erkennen, dass jemand auf dem Thron saß. Es ging jedoch eine Wolke der Herrlichkeit von Ihm aus, die Ihn verdeckte: ein alles verzehrendes, einhüllendes Feuer, das die Herrlichkeit Gottes selbst war. Er wohnte in einem Feuer der Herrlichkeit.«[41]

Dies wird öfter so beschrieben, dass der höchste Ursprung alles Seienden – in unserem Kulturkreis Gott genannt oder wie Howard Storm es in seiner Nahtoderfahrung von den Engeln vernahm: Der Eine (»The One«)[42] – nur als feurige Lichthülle wahrgenommen wird. Aber es gibt auch durchaus Erfahrungsberichte von Menschen, die seine Stimme sehr kraftvoll, wie ein Donnergrollen vernahmen und auch den Inhalt des Gesprochenen gut verstanden. Beides gibt uns Hinweise darauf, dass auch die Ursprungskraft durchaus als etwas Persönliches wahrgenommen wird. Auch Howard Storm hat während seiner Nahtoderfahrung durch sein langes Gespräch, das er mit Jesus und den Engeln führte, unglaublich differenzierte Einblicke in das Jenseits bekommen. U. a. sagt er: »Gott hat

41 R. Sigmund 2010, S. 94–95.
42 H. Storm 2008, S. 127.

Emotionen und es verursacht Ihm Leid, wenn auch nur eine Seele diese Dunkelheit wählt.«[43]

Eine andere höchst bedeutsame Quelle, die uns über die gesamte geistige Welt tiefsinnige Einsichten vermittelt, findet man in den medial übermittelten Schriften Jakob Lorbers, der 1800 bis 1864 lebte. Mit seinem vierzigsten Lebensjahr vernahm er in der Brustgegend eine Stimme, die ihn aufforderte, alles niederzuschreiben, was er durchgesagt bekommt. Diese Stimme kam von Gott und die Diktate kamen täglich – 24 Jahre lang. Sein größtes Werk ist das elfbändige Johannesevangelium, das viele hintergründige Erklärungen unseres bekannten Johannesevangeliums enthält. In seinen beiden Büchern *Die geistige Sonne Bd. 1 u. 2* steht über den Einzug in die Goldene Stadt: »Und wenn ihr eure Ohren öffnet, so werdet ihr auch schöne Chorgesänge hören, wobei das Wort in sich selbst als vollkommenste Musik zu vernehmen ist! […] Wir sind nun schon am bekannten ›Stadttore‹, welches, wie die Mauer und die Häuser der Stadt, aus allen ›Edelsteinen‹ gebaut ist.«[44]

Immer wieder liest man in den Erfahrungsberichten über die höchsten Lichtebenen von Häusern und Straßen aus Gold und Edelsteinen. Und dies meint folgendes: So, wie wir in den dunklen Astralebenen schäbige Baracken und lumpenartige Kleidung der dort sich aufhaltenden Wesen erblicken – als Zeichen und Ausdruck ihrer mangelnden Liebestätigkeit, so glitzert es in den höchsten Ebenen in den schönsten und edelsten Farben als Ausdruck der dort wohnenden vollendeten Seelen, die rein und hingegeben wie Kinder die höchste Form der Liebestätigkeit erreicht haben. Sie lieben und ehren den höchsten Schöpfer so tief, dass sie ihren eigenen Willen in höchster Ergebung an die erlebte Herrlichkeit des Lichtes dem Willen des Schöpfers freiwillig unterordnen. Dies geschieht aus dem Erleben von Erhabenheit und Barmherzigkeit und der Einsicht, dass man mit dem eigenen Willen niemals das Ganze verstehen

43 ebd. S. 140.
44 W. Lutz 1979, S. 531.

kann. Nur durch den Willen Gottes kann man Einblicke in die jenseitigen Wirkzusammenhänge bekommen. Und aus dieser Einsicht heraus stellen die hoch entwickelten Seelen sich ihm als Werkzeug für seine Pläne zur Verfügung. Die Ergriffenheit in dieser Lichtebene wird von den dort weilenden Seelen oft hingebungsvoll ausgedrückt, aber auch gleichzeitig sind sie überwältigt von den unglaublich komplexen und intelligenten Plänen über große Zeiträume und große planetarische Größen, die dort geschaut werden dürfen. So spricht ein Prior im »Vaterhause«: »Aber hier, wo sich Deine unendliche Herrlichkeit in einer nie geahnten Fülle darstellt und ich vor meinen Blicken zahllose Schöpfungen und Deine endlos weiten Pläne und Wege voll des allerhöchsten Lichtes erschaue – da, o Herr, ist mein Herz vor dir nicht mehr fähig zu reden. Denn zu groß und heilig bist Du, und ein unendliches Nichts bin ich vor Dir!«[45]

Hier deutet sich schon etwas an, das von zahlreichen Menschen missverstanden wird. In der Erfahrung des allerhöchsten Lichtes hat fast jeder Mensch und jede Seele, die dies erleben darf, das Gefühl der Kleinheit. Ohne diese Demut erlebt man diese Wonne nicht. »Wahrhafte Demut schließt in der Tat den Himmel auf. Sie ist die Schwester der Selbstlosigkeit.«[46] Viele Menschen verwechseln den göttlichen Funken, den sie in sich tragen, mit Gott und dem unerschaffenen Schöpfer selbst und sagen: »Ich bin Gott. Alles ist in mir.« Und sie merken dabei nicht, dass dies gesprochene Wort meist aus dem unbewussten Grund des Hochmuts und der Überheblichkeit herausquillt. Diese Motivation führt nicht zur höchsten Erleuchtung und bildet keine besonders hohe Seelenreife ab. Es gibt nur einen Weg, der uns zu diesem höchsten Glückszustand führt: Selbst ein Engel zu werden in Gedanken, Wort und Tat, und die Reinheit eines Kindes wiederzuerlangen, das seinen Schöpfer und seine Schöpfung über alles liebt.

45 ebd. S. 532.
46 E. Herrmann 1993, S. 168.

1.7. Zusammenfassung über die geistige Astralwelt

In den bisherigen Ausführungen habe ich versucht, über Erfahrungsberichte konkrete Einblicke in die verschiedenen Astralebenen von dunkel bis hell zu geben. Ich bezeichne die Astralebene als die erste Ebene, die wir nach dem Übergang von dem Leben auf der Erde in die geistige Welt erfahren. Silvia Wallimann und viele andere unterteilen sie in sieben Dimensionen: Die ersten drei sind schwarz bis grau, die vierte bis zur siebten erstrahlen in immer hellerem Licht. Das Leben jedes Menschen hier auf der Erde bestimmt, in welche Ebene der Seelenkörper nach dem Tod kommt. Lebt der Mensch selbstsüchtig, zieht er nach dem Tod eine der dunklen Sphären an, lebt er in Liebe, kommt er in eine der hellen. Licht ist im Jenseits immer mit Liebe verbunden. Der freie Wille – eine göttliche Eigenschaft einer jeden Menschenseele – bleibt ewig mit uns verbunden. Durch unseren freien Willen erschaffen wir uns später und im Erdenleben die sogenannte »Hölle« oder den sogenannten »Himmel«. Dieser freie Wille ermöglicht es uns auch, in jedem Zustand und jeder Sphäre, uns weiterzuentwickeln. Nur durch Einsicht und Reue lernt die individuelle Seele mithilfe der lichtvollen Begleiter, weiter in der Liebe zu wachsen. »Auch eine aufrichtige Sehnsucht nach Persönlichkeitsentwicklung ist wichtig. Denn dann sind wir nicht alleine in diesem Reinigungsprozess, sondern können sicher sein, dass wir die Hilfe und Solidarität dieser himmlischen Wesen erleben, die uns zu einer weiteren Vervollkommnung verhelfen.«[47]

Hier liegt der Sinn des Daseins im Jenseits wie im Diesseits: Vervollkommnung. Oder so wie ich es nenne, einen »Seelenreifungsprozess« – durch Herzöffnung und Liebestätigkeit seine negativen Charaktereigenschaften überwinden. Dies setzt voraus, dass man sich selbst mit seinen inneren Strebungen kennt. »Erkenne dich selbst« ist in diesem Zusammenhang das richtige Motto. In der Lebens-

47 H. Storm 2008, S. 142.

rückschau im Jenseits erkennt jeder sofort (wenn er zu Lebzeiten nicht zu stur war), was er seinen Mitmenschen zugefügt hat, weil er die Gefühle des Gegenübers überdeutlich spürt. Und deswegen bereuen auch so viele Seelen manche Entscheidungen, die sie zu Lebzeiten auf der Erde getroffen haben, was sie dann wiederum öffnet für eine Erweiterung in punkto Nächstenliebe und einen Aufstieg in weitere Lichtebenen, wobei dies meist sehr langsam vollzogen wird. Diese Lebensrückschau schon zu Lebzeiten zu haben, wäre enorm förderlich für den Seelenreifungsprozess. Eine Möglichkeit hier auf Erden für eine Lebensrückschau wäre die Reflektion des eigenen Lebens durch ein Gegenüber, das unsere Fehler erkennt und uns den Spiegel vorhält. Doch wer hält einem hier auf der Erde den Spiegel vor? Und ist der Spiegel nicht selbst getrübt durch die unvollkommenen Ansichten des Spiegelhalters? Nicht jeder Mensch besucht eine Selbsterfahrungsgruppe oder etwas Ähnliches. Wobei es auch hierbei immer auf die »Seelenreife« des Leiters ankommt, wie weit man sich in so einer Gruppe entwickeln kann.

Es gibt zahlreiche Nahtoderfahrungen von Menschen, die zuerst in der dunklen Astralebene ankamen und dann in eine Lichtebene aufstiegen.[48] Bei Howard Storm, einem Kunstprofessor aus den USA, war es sein überaus selbstsüchtiges Verlangen nach ewigem Ruhm, das ihm die Erfahrung mit den dunklen fratzenartigen Wesen bescherte. Bei Dr. Rajiv Parti, einem indisch-stämmigen, in Amerika lebenden Anästhesisten, verursachte sein stark selbstsüchtiges Verlangen nach finanziellem Reichtum den Aufenthalt in den dunklen Astralebenen. Beide wären nicht aus diesen Ebenen herausgekommen, hätten sie nicht um Hilfe gebeten. Howard Storm sang ein kirchliches Kinderlied und Rajiv Parti rief innerlich nach seinem verstorbenen Vater. Beide erlebten daraufhin die Aufnahme in eine Lichtebene. Während Howard Storm in der Folge eine sehr innige Begegnung mit Jesus hatte, traf Herr Parti die Erzengel Mi-

48 z. B. Howard Storm 2008, Dr. Rajiv Parti 2016.

chael und Raffael, die sich ihm vorstellten. Er kannte bis dahin nur seine hinduistischen Götter. Beide Männer, Herr Storm und Herr Parti, veränderten ihr Leben nach dem Erwachen aus der Narkose total. Diese Begegnungen waren so eindrücklich, dass ein Weiterleben der beiden Herren so wie bisher für sie nicht mehr möglich war. Dazu muss man aber auch sagen, dass Herr Parti von den Erzengeln aufgefordert wurde, in Zukunft den Menschen bei der Erweiterung ihres Bewusstseins behilflich zu sein. Anfänglich wehrte er sich dagegen, weil er von diesem Gebiet des Bewusstseins nichts wusste. Doch die Erzengel versicherten ihm, dass sie ihm nach seiner Rückkehr auf der Erde helfen würden. Dies trat dann auch tatsächlich ein.

Nicht alle Menschen können eine Nahtoderfahrung durchmachen, um auf den Weg der Liebe zu kommen! Womit wir wieder bei der Frage wären, wie die Menschen hier ihre negativen Charaktereigenschaften erkennen und in der Liebe wachsen können. Immer wieder erzählen uns die Menschen, die die geistige Welt erfahren haben, dass wir helle geistige Begleiter, im Volksmund »Schutzengel«, bei uns haben. Diese versuchen beständig, uns auf einen guten Weg zu bringen. Könnten wir ihre Ratschläge vernehmen, wäre unsere Entwicklung zur höheren Seelenreife vielleicht erfolgreicher. Dies wäre ein Weg, doch dieser bräuchte täglich Zeit – mindestens zwanzig bis dreißig Minuten. Und vor allen Dingen bräuchte dieser Weg ein aufrichtiges Interesse am eigenen Seelenreifungsprozess. Doch wer den Sinn des Lebens erkannt hat, wer nicht zu träge ist, sich zu verändern, der wird den Weg gehen. Joy Snell, die medial veranlagte Krankenschwester, wurde in der geistigen Welt von einem Mentor begleitet und unterrichtet: »Um den Seelenzustand zu erreichen, der die Betreuung durch Engel zulässt, muss der Mensch zunächst mit seinen Gedankenquälereien aufhören. Er muss seine Unfähigkeit einsehen, selber das zu finden, was seine Seele benötigt. Er muss sich dem Gebetsinstinkt überlassen, der in allen Herzen wohnt. Er muss um Hilfe bitten. Mit oder ohne Worte, das ist gleich; wenn es nur aufrichtig ist.«[49]

Wer diesen Ausführungen keinen Glauben schenkt, sollte selbst die Informationen, auf die er seinen Glauben aufbaut, überprüfen. Häufig lehnen Menschen mit buddhistischen Lebensauffassungen den Glauben an eine individuelle Seele nach dem Tod ab. Dadurch, dass Buddha keine Erfahrung über einen Gott hatte oder einen Engel, der ihm Dinge übermittelte, konnte er auch keine Aussage darüber treffen. Sein Vorzug war, die verschiedenen Bewusstseinszustände beschreiben zu können, die er durchwandert hat. Also sollte man dieses Wissen nicht auf das Leben nach dem Tod übertragen und ein individuelles Weiterleben nach dem Tod in einem feinstofflichen Körper negieren, wie es viele bekannte spirituelle Persönlichkeiten tun.[50] »Wir möchten unsere personale Struktur in die Ewigkeit hineinretten. Aber diese personale Struktur wird nicht mitgehen.«[51] Genauso widersinnig empfinde ich etliche Kirchengläubige, die diese Erfahrungsberichte als Teufelswerk abtun und weiter an ihrem Glauben an eine körperlich-physische Auferstehung nach dem Jüngsten Gericht festhalten. »Wir wissen, dass mindestens einige der sogenannten Todeserfahrungen dämonischer Natur sind, weil sie direkt der Lehre der Bibel widersprechen.«[52] Ich möchte den Leser auffordern, seinen eigenen gesunden Menschenverstand einzuschalten und alle Meinungen kritisch zu hinterfragen. Nur braucht man zum Hinterfragen auch manchmal viel Hintergrundwissen. Eine hilfreiche Literatursammlung zu dem Thema der geistigen Welt findet man in den Büchern von Dr. Beat Imhof und den Schriften der Unicon-Stiftung, die jedem Interessierten kostenlos zugesandt werden.[53]

49 J. Snell 2002, S. 81.
50 z. B. W. Jäger 2014, Osho 2003.
51 W. Jäger 2014, S. 80.
52 E. W. Lutzer 2016, S. 25.
53 über unicon-stiftung.de.

2. Exkurs über den Ursprung des Daseins

2.1. Vom Einen zur Dualität

Um zu verstehen, wozu die geistige Welt mit ihren Astraldimensionen von dunkel bis hell so aufgebaut ist, warum es so unterschiedlich entwickelte Seelenkörper gibt, müsste man in den Anfang der Entstehung dieser geistigen Welt schauen können. Da dies wohl kaum einem Menschen während seiner Nahtoderfahrung gewährt wird, wären andere Quellen nötig, die darüber Aufschluss geben. Zwar gibt es auch während Nahtoderfahrungen Antworten auf diese Fragen, aber sie bleiben abstrakt und allgemein, wie z. B. die Erfahrungen von Howard Storm, als er den Engeln die Frage nach dem Woher der Schöpfung stellte: »Vor Gott gab es keine Zeit, keinen Raum und keine Materie. […] Gott ist der Eine, weil er die Quelle ist von allem, das existiert. Es gibt nichts, was nicht Gott wäre. Alles kam von Gott und alles kehrt zu Gott zurück.«[54] Einem neugierigen Menschen bleiben weiterhin viele Fragen offen, wie z. B. was war vor dem Urknall, wie kam es zu der Entwicklung des Bösen, usw. Auf all diese Fragen gibt es Antworten von Menschen, die mit dem Geist Gottes so verbunden waren, dass er durch sie sprechen und ihnen die Entstehungsgeschichte des Lebens übermitteln konnte. Eine Auswahl von solchen Gottesdurchsagen kann man in dem Buch *Schöpfung und Menschsein – aufklärende Gottesworte* aus der Sammlung der Unicon-Stiftung (2015) finden.

Einer dieser gottverbundenen Menschen war Jakob Lorber, der »Schreibknecht Gottes« – wie er oft bezeichnet wird –, der zwischen 1840 und 1864 eine unglaubliche Fülle göttlicher Diktate erhielt. Im Folgenden beziehe ich

54 H. Storm 2008, S. 127.

mich im Wesentlichen auf ihn. »Der ewige und unendliche Schöpfungsraum ist nach allen Seiten ewigfort mit nichts anderem erfüllt als mit Meinem Geiste, welcher da ist pur Liebe, Leben, Licht, Weisheit, klarstes Selbstbewusstsein, bestimmtes Fühlen, Schauen, Hören, Denken, Wollen und Wirken.«[55] »Liebe, Weisheit und Macht nennt man daher auch die drei Haupt- und Grundgeister Gottes. – Es kommen aber, aus ihnen entspringend, noch vier weitere Geister Gottes hinzu: die Ordnung, die den Wesen Zweck und Form gibt; der Ernst, der ihnen Bestand, Gedeihen und Fortpflanzung verleiht; die Geduld, welche die ruhige Reifung selbst in ausgedehntesten Zeiträumen gewährleistet; und als höchste Eigenschaft die Barmherzigkeit, die selbst der gottfeindlichen tiefst gefallenen Wesen sich annimmt und schließlich alles zur Vollendung bringt.«[56]

Aber nun zu den ersten Schöpfungstaten aus der Urkraft des *Einen:* »Aus dem Bedürfnis nach liebender, mitfühlender und mit-tätiger Lebens-Gesellschaft schuf Gott im Anfang unserer Schöpfungsperiode aus seinen zahllosen wesenhaften Gedankenkräften, den Urelementen oder Urlebensfunken, eine Anzahl großer Geistwesen nach seiner eigenen, göttlichen Urform. […] Diese großen ›Urgeister‹ riefen sodann ihrerseits, nach dem Willen Gottes, in ihren Lebenskreisen zahllose ›Untergeister‹ ins Dasein. Und so belebte sich nach und nach der unendliche Raum.«[57] Die nach dem Ebenbild des *Einen* geschaffenen Geister hatten einen vollkommen freien Willen, nach dem sie selbständig handeln konnten, und trugen auch den Geistfunken der Vollkommenheit in sich, aber gekleidet in einen formbaren Seelenkörper, dessen Bewusstseinszustand noch nicht in vollkommener Reife war. »Nur ein allmähliches Werden, ein Entstehen aus Geringem, Unselbständigem und Unvollkommenen – ein stufenweises, durch Mühe und Anstrengung zu erreichendes Reifen der Wesen zu gottähnlicher Vollkommenheit – konnte dem Schöpfer sowohl wie den

55 W. Lutz 1979, S. 30.
56 ebd. S. 32.
57 ebd. S. 50.

Geschöpfen jene andauernde Seligkeit des Gebens und des Nehmens und jene Spannungen und Auslösungen der Lebenstätigkeit verschaffen, die Grundvoraussetzungen der wahren Lebenswonne sind.«[58]

So spricht Gott zu Lorber: »Wenn Ich jedes Geistes Natur so gestellt hätte, dass er schon von seiner Entstehung an in höchster Vollendung ohne sein Zutun dastände, welche Übung des Lebens und Selbstfortschreitens wäre für ihn da noch denkbar? Zu welcher Tätigkeit könnten dann schließlich solche Geister verwendet werden?«[59] Das würde bezogen auf die geistige Astralwelt heißen: Wenn alle Seelenwesen von Anbeginn vollkommen wären, gäbe es nur eine höchste Lichtebene und die Engel hätten nichts zu tun, da ja sowieso schon alle Seelenwesen in ihrer Seelenreife am höchsten Punkt angelangt wären. Und die Seelenwesen hätten dann aus ihrer Selbständigkeit und freiem Willen gar keinen Nutzen gezogen, da sie ja keinen Entwicklungsweg zurücklegen hätten müssen, auf dem sie Entscheidungen nach ihrem freien Willen hätten treffen müssen.

Deswegen kam es in der geistigen Welt vor dem großen Urknall der Materieentstehung zu folgender Entwicklung. Es dauerte »fast unermessliche Zeiten«, in denen Gott seine Urgeister durch seine Gedanken formte und sie ihren Weg nach ihrem freien Willen und nach dem gebotenen Ordnungsweg Gottes einschlugen. Nur einer, der »größte der urgeschaffenen Geister« ging vom Weg ab und mit ihm ein großes Gefolge seiner Untergeister – genannt wird er Luzifer, der Lichtträger. Er verfiel der Eigenliebe und in der Folge der Selbstherrlichkeit und Selbstsucht. Durch diese Abwendung vom Licht schwanden seine Kräfte und seine »Wesenheit verdichtete sich« und verfiel in eine »todesartige Erstarrung«. »So entstand aus lichten, weitausgebreiteten Ätherwesen der scheinbare leblose Weltstoff, der Urnebel der Materie. Es war dies für die betroffenen Urgeister eine furchtbare Wandlung, ein schauerliches

58 ebd. S. 50.
59 ebd. S. 51.

Gericht. – Aber der göttliche Schöpfer und Wesensbildner verstieß und verließ seine irrenden Geschöpfe nicht. Seine väterliche Liebe erbarmte sich der Gefallenen. Und aus den zahllosen sich weiter verdichtenden Urnebelwolken der Materie gestaltete seine Weisheit und Macht mit Hilfe der rein und treu gebliebenen Urgeister die ganze materielle Weltenschöpfung als eine wunderbare Neuordnung zu weiteren großen, wahrhaft göttlichen Entwicklungs- und Heilzwecken.«[60]

Dies beschreibt Lorber im Großen Johannesevangelium durch die Worte Gottes folgendermaßen: »Seht , so wie nun die Menschen durch die Eigenliebe, die Selbstsucht, den Hochmut und die daraus hervorgehende Herrschsucht derartig aller Materie voll werden, dass sie viele Tausende von Jahren hindurch sich nicht völlig davon zu befreien imstande sein werden – ebenso gab es dereinst auch urgeschaffene Geister, die durch den ihnen verliehenen Reiz zu eigenliebig, zu selbstsüchtig, hochmütig und am Ende herrschsüchtig wurden. Die Folge davon war, dass sie sich in Materie verwandelten.«[61]

Diese beiden beschriebenen Schöpfungsvorgänge – die Erschaffung der Urgeister und die Erschaffung der Materie – bezeichnet Beat Imhof in seinem Buch *Zwölf kosmische Gesetze* als primäre und sekundäre Schöpfung. »Während die primäre Schöpfung nicht vergeht, da sie von spiritueller Natur ist, erleben wir die sekundäre Schöpfung als eine materielle Welt, die sich durch Trennung und Abspaltung von der geistigen Welt in einer zweiten Schöpfung materialisiert hat. Dadurch entstand aus einer anfänglichen Einheit die Zweiheit.«[62] Würde man den gesamten Kosmos von außen betrachten können, würde man diesen Urgeist als Luzifer in menschenähnlicher Gestalt erblicken.

Mit dieser Zweiheit entstand ein Gegenpol zum Licht und zur Liebe und dies wirkt bis heute wie ein Spannungsfeld zwischen Plus und Minus. Aus diesem Spannungsfeld

60 ebd. S. 52.
61 ebd. S. 52.
62 B. Imhof 2019, S. 61.

entsteht eine große Vielfalt der Entscheidungsmöglichkeiten für alle Menschen, weil sie in ihrem Seelenkörper die große Trennung vom Licht in sich tragen durch das selbstsüchtige Verlangen, aber ebenso den göttlichen Geistfunken in der Seele haben, der die Urkraft allen Lebens ist und in sich vollkommen und durch tätige Liebe entfaltet werden kann. Aus diesem Aspekt der Vielfältigkeit hat die Abtrennung vom Licht etwas Positives und Gewolltes in sich. In diesem Sinne spricht Gott zu Lorber im *Großen Johannesevangelium Bd. 5, Kap. 230:* »Ihr seht daraus, dass selbst Gott, so Er nicht aus sich selbst den für euren Begriff endlos großen Gegenpol ins Dasein gestellt hätte, keine Schöpfung als materiell bestehend aus sich hätte hervorrufen können, weil eben der große Gegenpol die Schöpfung selbst ist. Diese muss gerichtet, fest und so gut wie tot und beharrlich sein, so sie ihrem vom Schöpfer gestellten Zweck entsprechen soll. Und weil sie das ist, was und wie sie ist, so ist sie auch gut – Gott gegenüber! Böse der Wirkung nach ist sie nur den Menschen gegenüber, weil diese der Seele und teilweise auch dem Fleische nach die Bestimmung haben, als aus dem Tode erweckte Wesen sich für ewig durch den (ihnen eingezeugten) reinen, positiven Geist aus Gott zu vereinen mit Gott, ohne dadurch je mehr ihre absolute Freiheit und Selbständigkeit einzubüßen.«[63]

Daraus kann man folgern, dass Materie in Wirklichkeit geistige Energie ist, die in einer besonderen Art und Weise durch eine innere selbstsüchtige Haltung in solch eine Schwingungsfrequenz gebracht wird, dass sie fest erscheint und zu Materie wird. Es würde aber auch bedeuten, dass wenn ein Mensch dieses Selbstsüchtige in sich durch die Liebe zu Gott und seinen Geschöpfen überwindet, er dadurch so leidgeprüft und gereift ist, dass ihm in Zukunft solche Verführungen nichts mehr anhaben können und er solch ein Erdendasein nicht mehr braucht. Folgerichtig ist das Potential des Bösen in Gott ebenso angelegt wie das Gute. »In Gott waren alle Gegensätze schon von Ewigkeit

63 J. Lorber, Gr. Joh. Ev. 1983, Bd.5, Kap. 230.

her in der höchsten besten Ordnung. Bei den geschaffenen Wesen aber mussten sie erst durch den freien Kampf wie aus sich selbst heraus, also durch unermüdliche Selbsttätigkeit in die rechte Ordnung gelangen.«[64]

Aber noch einmal zurück zu dem Rückführplan Gottes der luziferischen Seelenanteile. Die Erschaffung der Materie ist ja zum Zwecke der Heilung und Rückführung der verirrten Seelenwesen, also insgesamt gesehen des Luzifers, geschaffen worden. Dabei scheint die Erde ein wichtiger Mittelpunkt dieses Heilsgeschehens zu sein. »Dass gerade auf unserem Planeten als dem Kerker des Urbösen diese unheimlichen Wesen so große Macht haben, ist uns Erdenbewohnern einerseits eine viele Schwierigkeiten in sich bergende Gefahr. Aber andererseits ist es auch ein großer Vorzug, hier unter dem starken Einfluss des Gegenpols leben und kämpfen zu dürfen, denn eben dadurch ist hier auf unserer Erde auch die lehrreichste Schule der Kinder Gottes. Wo die Aufgaben am schwierigsten sind, ist auch Ziel und Erfolgsmöglichkeit am höchsten. Wer sich hier übt und bewährt, kann im Reiche unseres himmlischen Vaters dereinst auch zu schwierigsten und erhabensten Aufgaben berufen werden.«[65] Diese Seelenanteile Luzifers, die kraft ihres eigenen Willens die Rückkehr zu dem Licht anstreben, treten diesen Reinigungsweg über verschiedene aufeinander aufbauende Daseinsformen an: Über das mineralische ins pflanzliche, von da ins tierische und dann ins menschliche Dasein. Auf der Stufe des Menschseins haben sie erst die tatsächliche Möglichkeit durch intensive Liebestätigkeit eine der helleren Lichtebenen in der Astralwelt zu erreichen und eine Rückkehr auf die Erde zu überwinden. Das heißt natürlich nicht, dass Tiere nicht in den helleren Lichtsphären anwesend sind. Aufgrund zahlreicher Erfahrungsberichte sind sie es wohl. Tiere haben ja gar nicht den Entscheidungsspielraum und die Seelenkomplexität wie wir Menschen, weil sie viel stärker gebunden sind an ihren

64 W. Lutz 1979, S. 108.
65 ebd. S. 106.

Instinkt und weniger Selbstreflektion besitzen. Deswegen findet man bei Lorber innerhalb des Entwicklungsplans der gefallenen Seelen die Bezeichnung eines gerichteten (vom Mineral bis zum Tier) und eines freien Anteils, der dem Menschen zufällt, sobald er das Tierhafte in sich zum größten Teil überwunden hat. Aus dieser Perspektive haben alle Vorgänge auf der Erde einen tieferen Sinn, der etwas mit dem Rückführplan der gefallenen Seelen zu tun hat.

Mir ist wichtig zu betonen, dass sich der Leser nicht an den Begriffen »Gott«, »Luzifer« und »Engel« usw. aufhalten oder stoßen soll. Wesentlich ist der Inhalt des Geschehens: Anfangs der Eine, aus ihm geschaffen Mehrere (wie Klone), dann einer, der durch Selbstsucht aus dem Rahmen fällt und damit den materiellen Kosmos erschafft, damit Entstehung der Dualität oder des Gegenpols und damit vielfältige Rückführungswege durch Liebe zurück zur Einheit.

2.2. Der Weg zurück zur Einheit

Natürlich besitzt die Menschenseele durch ihren freien Willen auch die Möglichkeit, nachdem sie die Entwicklung durch das Mineral bis zum Tier abgeschlossen hat, als Mensch wieder in die Selbstsucht zu verfallen wie damals Luzifer in der geistigen Welt. Dies wäre dann in unserem Kulturbereich mit dem verwendeten Begriff »Sündenfall« oder »Erbsünde« vergleichbar. Denn die Abwendung vom Licht und der Liebe geschah im geistigen Bereich durch Selbstsucht, und in der materiellen Welt ebenso. Die Geschichte von der Erbsünde mit Adam und Eva kann auf diesem Hintergrund auch als Sieg der Selbstsucht verstanden werden. Es war in der göttlichen Ordnung nicht an der Zeit, vom Baum der Erkenntnis zu essen, doch es obsiegte das heiße selbstsüchtige Verlangen danach und damit hat der eigene Wille Oberhand bekommen und der Wille Gottes wurde übergangen. Genau hier beginnt die Ich-Entwicklung mit eigenen Wünschen, eigenen Wertvorstellungen, eigenen Kenntnissen, die nicht unbedingt deckungsgleich sind mit der Intelligenz und dem Wollen des Ursprungs, in unserer Kultur »Gott« genannt. Damit trennt sich jede Menschenseele aus freiem Willen, in eigener Entscheidung vom Willen Gottes, entscheidet sich für die Zweiheit (hier Ich, dort Gott) und sucht manchmal mehrere Leben lang nach dem inneren Frieden, nach Erlösung, nach wirklicher Heimat und findet den Weg nicht. Es kann sogar so weit kommen, dass sich Menschenseelen hier in gröbster selbstsüchtiger Weise an anderen Menschenseelen vergehen, dass sie nach ihrem Ableben auf der Erde in die dunkelste Ebene der Astralwelt kommen. Diese sind dann wahrhaft »Teufel« zu Erdzeiten, wie auch in der geistigen Welt.

Über den Unterschied zwischen Dämonen und Teufel liest man bei Lorber: »In die Materie der Gestirne gebannt sind natürlich auch alle mit ihrem Oberhaupt gefallenen Untergeister Luzifers. Viele dieser Wesen hausen auch auf unserem Planeten Erde und üben hier als Gehilfen des ›Fürsten dieser Welt‹ ihre verhängnisvolle Wirkung aus. Man nennt diese noch nie durch das Menschenfleisch gegangenen satanischen Untergeister Dämonen. Ihnen gesellen sich auf unserer Erde ferner diejenigen Seelen bei, die den Erlösungsweg wohl betraten und den Aufstieg durch das Mineral-, Pflanzen- und Tierreich mitmachten, aber auf der Menschenstufe in der Freiheit des menschlichen Lebens durch Satans Versuchungen von diesem zurückgewonnen und trotz aller Liebesmühe der schützenden Gottesdiener wieder ganz der alten höllischen Gesinnung anheimfielen, womöglich in noch schlimmerem Maße wie zuvor. Diese ins arge satanische Wesen rückfälligen Menschenseelen nennt man Teufel; ihrer gibt es im irdischen Leben wie im Geisterreich leider eine gar große Zahl.«[66] Es ließen sich jetzt viele Beispiele anführen von Menschen mit niedrigster Gesinnung wie z. B. Kinderschänder, Massenmörder, gewissenlose kalte Wesen.

66 W. Lutz 1979, S. 105.

Über die Begegnung mit solchen Wesen finden wir heute in den Nahtoderfahrungen eine Menge Zeugnisse, vor allem natürlich bei Menschen, die einen entsprechenden Lebensstil hatten. Auch auf Internetplattformen wie YouTube werden viele solche Erlebnisse geschildert. Ich möchte hier nur zwei Erfahrungsberichte anführen.

Der erste stammt von Dr. Rajiv Parti während seines Nahtoderlebnisses: »Schmerzensschrei und Stöhnen und Pein lagen wie ein Feuernebel über brennenden Seelen, die sich in der Glut krümmten wie verdorrte Blätter. Ich wurde dorthin gezogen, als stünde ich auf einem Laufband zum Rand der Feuerschlucht. Rauch stieg mir in die Nase und der Geruch von verbranntem Fleisch. Ich stand am Rand der Hölle. Ich versuchte, mich abzuwenden, konnte es aber nicht. Ich versuchte zurückzugehen, aber das ging nicht. Jedes Mal, wenn ich einen Schritt zurückmachte, schob mich eine unsichtbare Kraft wieder nach vorn, und ich hatte freien Blick auf den qualvollsten Ort, den man sich vorstellen kann.«[67] Dann vernahm er eine mächtige Stimme, »die durchaus von Gott hätte kommen können [...] ›Du hast ein materialistisches, selbstsüchtiges Leben geführt‹ [...] Ich wusste, dass das stimmte, und schämte mich.«[68] Viele Lebenssituationen liefen wie ein Film vor ihm ab und er erkannte seine hartherzige und kalte Reaktion auf notleidende Menschen. Sein ganzer Reichtum erschien ihm in diesem Moment vollkommen nutzlos. »Aus dieser misslichen Lage schien es keinen Ausweg zu geben, aber ich betete trotzdem, dass sich einer auftun möge. Gott, gib mir noch eine Chance. Bitte, gib mir noch eine Chance. – Aus dem Augenwinkel sah ich meine zweite Chance kommen. Sie kam von der Person, die ich hier am wenigsten erwartet hätte. Es war mein Vater!«[69] Sein Vater, der »mindestens 30 Jahre jünger aussah als damals kurz vor seinem Tod«, nahm ihn dann an der Hand und führte ihn vom Höllenschlund weg und tröstete ihn. Dies hatte er zu Lebzeiten nie getan

67 R. Parti 2016, S. 49.
68 ebd. S. 50.
69 ebd. S. 56/57.

und es kam Rajiv Parti höchst beängstigend vor. Sein Vater hatte sich in der Zeit im Jenseits zum Guten gewandelt. »Er sah aus wie ein von Liebe erleuchteter Mensch.«[70]

Er führte ihn zu einem Tunnel. In diesem Tunnel erlebte Parti zwei seiner früheren Leben. In einem schlug er, der damals ein Prinz gewesen war, seine Untergebenen mit Vergnügen und so brutal, dass ihm sein rechtes Handgelenk schrecklich weh tat. Auf einmal kam die Erinnerung an sein jetziges Leben, in dem er sich am rechten Handgelenk einen Bänderriss zugezogen hatte und die Schmerzen bis zum heutigen Zeitpunkt nicht nachgelassen hatten. Eine Stimme sprach zu ihm, dass er sich dafür entschuldigen solle. Er entschuldigte sich bei ihnen und die Untergebenen kamen nacheinander zu ihm (im Jenseits) und nahmen seine Entschuldigung an. Während einige von ihnen ihm die Hand auflegten, spürte er so etwas wie einen elektrischen Schlag bis auf die Knochen. Er sagt dazu in seinem Buch: »Ich bin sicher, dieser stetige Strom der liebevollen Erschütterungen hat den Bänderriss in meinem rechten Handgelenk geheilt, der mir seit Jahren Schmerzen bereitet hatte. Innerhalb einer Woche nach meiner Nahtoderfahrung klangen die Schmerzen ab und sind seitdem nie mehr so schlimm gewesen.«[71] In dem zweiten Leben hatte er eine starke Suchtabhängigkeit erlebt, die er in seinem jetzigen Leben, in dem er medikamentensüchtig war, immer noch nicht überwunden hatte. Nach dem Nahtoderlebnis befreite er sich ganz schnell davon. Seine überraschend schnelle Heilung nach dem Aufwachen aus der Narkose überraschte die beteiligten Ärzte, ihn selbst nicht, da er dem Licht Heilkraft zuschreibt und heute auch mit Licht-Vorstellungen Menschen bei ihrer Heilung hilft.

Bei Howard Storm waren es in seiner Nahtoderfahrung erst nur männliche und weibliche Stimmen, die ihn riefen, er solle kommen und ihnen folgen. Die Wesen waren

70 ebd. S. 64.
71 ebd. S. 79.

erst schemenhaft wie im Nebel, dann entpuppten sie sich als mitleidlose Kreaturen, die Freude an seinem Untergang hatten.

»Ich war auf dem Weg, eine Kreatur der Dunkelheit zu werden – und völlig allein. Plötzlich erinnerte ich mich vage an ein Lied aus meiner Kindheit [...] Dieses Kind, das ich einmal war, sang dieses Lied voller Unschuld, voll Vertrauen und Hoffnung: ›Jesus liebt mich, da da da...‹ [...] Ich wusste immer noch nicht, wie ich das ausdrücken sollte, was ich doch so dringend wollte und brauchte, aber unter Aufbringung der letzten Kraftreserven schrie ich es jetzt hinaus in diese Dunkelheit: ›Jesus, rette mich!‹[...] Von ganz ferne sah ich in dieser Dunkelheit auf einmal ein winziges Lichtpünktchen, so wie der schwächste Stern am Nachthimmel.[...] Es bewegte sich jetzt mit einer alarmierenden Geschwindigkeit auf mich zu [...] Und schon hatte es mich erreicht und eingehüllt. Und da wurde mir klar, dass diese unbeschreibliche Helligkeit nicht nur eine Lichterscheinung war. Dies war ein Lebewesen, ein Lichtwesen, ungefähr 2,5 Meter groß und umgeben von einem ovalen Strahlenkranz. Diese extreme Lichtintensität durchdrang meinen ganzen Körper. Meine Qual wurde hinweggeschwemmt und durch ein Gefühl der Ekstase ersetzt. Fühlbare Hände und Arme umfassten mich und hoben mich sanft auf. So erhob ich mich langsam vor der Präsenz dieses Lichtes und all die verwundeten Teile meines Körpers heilten auf wundersame Weise vor meinen Augen. Alle mir zugefügten Schmerzen verschwanden und ich wurde heil in diesem Licht. Aber wichtiger noch war, dass meine Verzweiflung und mein Schmerz durch ein nie gekanntes Gefühl von Liebe ersetzt wurden.«[72]

Howard Storm hatte dann noch sehr lange und intensive Gespräche mit Jesus und den Engeln und bekam Aufschluss über wichtige Fragen. Er arbeitete nach seiner Nahtoderfahrung noch einige Zeit als Kunstprofessor weiter, musste dann aber aufhören, weil seine intensive Nahtoderfahrung

72 H. Storm 2008, S. 31–32.

mit dem Beruf als Kunstprofessor und den nichtigen Dingen, mit denen er sich dabei beschäftigte, nicht mehr zusammenpassten. Viele Menschen mit Nahtoderfahrungen ändern danach ihr Leben komplett.

Was hat das alles mit dem Weg zurück zur Einheit zu tun?

Sehr einfach! Mit den beiden aus einer Vielzahl von Erfahrungsberichten herausgegriffenen Beispielen ist deutlich geworden, welch ungeheure Bedeutung unser Denken, Sprechen und Handeln hier auf der Erde hat. Es ist deutlich geworden, dass es im Jenseits dunkle Zustände gibt, die sich niemand jemals wünschen würde. Dies alles als eingebildeten Quatsch abzutun scheint mir heute nicht mehr geboten, heute ist es dringender denn je, diese geschilderten Erfahrungen als Bildungsfundament unter die Menschheit zu bringen – und zwar schon im Kindesalter. Die Fülle von Erfahrungsberichten – egal, ob Nahtoderfahrung oder mediales Wissen – müsste einem »Blinden genügen, um sehen zu lernen«. Wer dies alles für religiöse Einbildungen hält, versteht nichts von der geistigen Welt. Jesusbegegnungen hatten nicht nur Christen, sondern auch Andersgläubige oder Atheisten.[73] Heilungen fanden nicht nur im Jenseits, sondern hundertfach auch nach den Besuchen in der geistigen Welt auch im Diesseits statt.[74]

Eine der eindrücklichsten Schilderungen findet man bei Carmen Paul, deren Halswirbelsäule nach der Wiederkehr in ihren Körper wieder gesund und vorher gebrochen gewesen war – belegt durch Röntgenaufnahmen. »Die Ärzte konnten es nicht fassen und freuten sich darüber, dass meine Wirbelsäule wie durch ein Wunder geheilt und zusammengewachsen war.«[75] Carmen Paul erkannte in ihrem Nahtoderlebnis, dass sie sich viel zu viel um Geld gekümmert hatte, was ihr danach nicht mehr wichtig war. Man kann nach all diesen Erfahrungsberichten nicht mehr einfach sagen: Handle nach deinen Bedürfnissen, dann wirst

73 vgl. S. Habib 2015.
74 z. B. A. Moorjani 2015, S. R. Musick & P. J. Pastor 2018.
75 C. Paul 2019, S. 84.

du heil. Nein, es kommt darauf an, welche Bedürfnisse man hat. Steckt nur Selbstsucht drin und keine Liebe, dann führt es nicht zum Heil. Liebe ist der Schlüssel zur Gesundheit und zur Rückkehr in die Einheit.

»Das Leben in dieser Welt wurde dir nur zu einem Zweck gegeben, nämlich um lieben zu lernen, und das bedeutet, Gott zu lieben und zu verwirklichen. Und Gott lieben bedeutet wiederum, dass man lernt, Gottes Willen zu erkennen und dann Gottes Willen zu erfüllen durch Nächstenliebe. Vor diesem Ziel tritt alles Weitere zurück und ist nur Beiwerk in deiner kurzen Lebenserfahrung auf dieser weltlichen Ebene.«[76] Dies bekam Howard Storm in der geistigen Welt von einem Lichtwesen mitgeteilt. Und auf seine Frage: »Welche ist die beste Religion?« bekam er von Jesus und den Engeln zur Antwort: »Diejenige, die dich am nahesten zu Gott bringt!«[77] Als Howard Storm weiterfragte, welche dies aber sei, antworteten ihm die Engel: »Der Zweck einer Religion ist, dir zu helfen, eine persönliche Beziehung mit Gott zu leben. Gott möchte, dass wir ihn aus vollem Herzen lieben lernen und dabei Seine Wahrheit erfahren. Wenn wir Gott in einer engen Liebesbeziehung finden, dann sind wir schon auf dem rechten Weg.«[78]

Das ist meines Erachtens eine zentrale Aussage, die für alle Religionsvertreter von entscheidender Bedeutung sein kann. Mit anderen Worten ausgedrückt: Egal, welcher Religion du angehörst, wenn du deinen Gott wie einen Vater oder eine Mutter liebst und diese Liebe in deinen Alltag trägst, bist du auf dem richtigen Weg. Diese Liebe sollte dir helfen, deine negativen Charaktereigenschaften zu überwinden. Dannion Brinkley, der drei Mal eine Nahtoderfahrung (NTE) erlebt hatte, bestritt bis zu seiner dritten NTE, dass es so etwas wie die Hölle gebe. Während seines dritten Aufenthalts in der geistigen Welt erlebte er einen sehr unangenehmen Graubereich. »Aus gutem Grund hatte man mich dort schmoren lassen. Es bedurfte wirklich keiner

76 H. Storm 2008, S. 38.
77 ebd. S. 132.
78 ebd. S. 132.

allzu langen Selbstbesinnung, um zu erkennen, dass auch ich in einer zynischen und – anderen gegenüber – gleichgültigen Geisteshaltung feststeckte. Mir war, so wurde mir allmählich klar, eine Art außerprogrammmäßige Vorschau zugebilligt worden – eine Vorschau auf das Geschick, das auch mir bevorstünde, sofern ich mich nicht dazu aufraffen würde, mich von Grund auf zu ändern.«[79] Am Schluss schreibt er: »Liebe ist unser innerster Wesenskern wie auch unsere Bestimmung. Wenn wir unser Bewusstsein bis zu dem Punkt verfeinern und veredeln, dass es sich diese Wahrheit tatsächlich zu eigen macht, wenn wir jeden Gedanken, jedes Wort und jede Handlung mit der Schwingung dieser Wahrheit in Einklang bringen, haben wir den Himmel auf Erden hervorgebracht.«[80]

Bei Lorber wird der Begriff »Wiedergeburt« so verwendet, wenn die Seele des Menschen sich vollständig mit dem göttlichen Geistfunken verbunden hat. »Freilich kann nur ein ganz reines, demütiges Streben zu diesem Vollendungszustand führen [...] Liebe zu Mir, große Herzensgüte, Liebe zu allen Menschen – das ist in einem Bündel beisammen, das richtige Zeichen der Wiedergeburt [...] Denn das Reich Gottes kommt nie mit äußerem Schaugepränge, sondern innwendig in aller Stille und Unbeachtetheit in des Menschen Herzen.«[81]

Ich meine, dass es für die Entwicklung jedes Menschen ausgesprochen wichtig ist, einen Weg zu der ersten Urkraft, zum Ursprung, zu Gott, zu unserem Schöpfer – es ist egal, wie ich es benenne – zu finden. Aber es gibt zwei wichtige Merkmale auf diesem Weg, die m. E. eine enorme Bedeutung haben. Der erste Punkt ist die PERSÖNLICHE BEZIEHUNG. Allein dieser Punkt ist schon schwierig. Persönliche Beziehung haben wir als Menschen meist zu etwas, das wir sehen, z. B. zu einem Tier oder einem Menschen. Und meist hat dieses Etwas auch Augen. Und durch die Augen verbinden wir uns mit der Seele unseres Gegenübers. Man sagt

79 D. Brinkley 2010, S. 98.
80 ebd. S. 207.
81 W. Lutz 1979. S. 521.

doch so oft, die Augen sind das Fenster zur Seele. Wie mache ich das mit dem Ursprung, mit Gott? Er hat keine Augen, weil er nie Form angenommen hat. Ich kann ihn mir zwar vorstellen, aber dann behelfe ich mir z. B. mit einer väterlichen oder mütterlichen Gestalt. Und wenn ich dann wie ein Kind meine Arme öffne und diese Gestalt umarme, und ich erlebe dabei Liebe und Demut, dann hätte diese Vorstellung ihren Zweck voll erfüllt, egal ob ich mir ein Bild von Gott machen soll oder nicht. Das wichtige an der Vorstellung ist, dass es mein Herz öffnet, dass ich berührt bin – sonst habe ich keine wirkliche Beziehung. Auch Eva Herrmann, ein Medium, warnt davor, in einen »Alltagstrott« zu verfallen, während man seine alltäglichen Meditationen oder Gebete macht. »Das wahre Gebet leiert nichts herunter; es strebt dem zu, was wir einfach Gott nennen. Es ist unwichtig, wie wir uns Gott vorstellen oder ob wir uns überhaupt ein Bild vom Göttlichen machen, obwohl eine Vorstellung sehr wohl den Abgrund überbrücken mag, der Sichtbares vom Unsichtbaren trennt. Ja, Vorstellungsvermögen ist ein Weg – fast sind wir versucht zu sagen: ein Kunstgriff –, der es uns erlaubt, uns über uns selbst zu erheben, uns auszudehnen, auf terra incognita Fuß zu fassen.«[82]

Eine andere Möglichkeit wäre die Person Jesus. Von dieser Person gibt es zahlreiche Abbildungen, z. B. auch von einem Mädchen, das ihn wirklich gesehen und ihn dann mit seiner medialen Unterstützung gemalt hat.[83] Es spricht viel dafür, dass er in der geistigen Welt eine herausragende Stellung hat. Zum einen wurde in den Nahtoderfahrungen immer nur Jesus oder ein Engel gesehen, nie jedoch Moses, Mohammed oder Buddha, geschweige denn irgendein hinduistischer Gott. Und es ist wichtig zu betonen, dass es nicht nur Christen waren, die eine Begegnung mit ihm hatten. Vergleicht man sein Wirken auf der Erde mit dem der anderen, so findet man einige fundamentalen Unterschiede: Das wundersame Ereignis seiner Geburt und alle begleiten-

82 E. Herrmann 1993, S. 96.
83 Akiane Kramarik 2017.

den Umstände (Ankündigung durch den Engel, Himmelsstern, Ekstase der Hirten, Besuch dreier Weisen aus dem Morgenland u.v.a.m.), die Auferweckung des Lazarus, die Heilung der Kranken und andere Wundertaten, die tiefen Einsichten seiner Reden, die hellsichtige Vorausschau zukünftiger Ereignisse, die kontinuierliche Verbundenheit mit Gott, sein Vorbild in seiner Lebensführung, sein Tod und das daraufhin außergewöhnliche Verdunklungsphänomen am Himmel. All dies war ihm nur möglich, weil seine Seele direkt aus dem göttlichen Licht kam und keine vorherigen Inkarnationen durchlaufen musste. Aus diesem Verständnis heraus lässt sich diese besondere Position von ihm in der geistigen Welt gut erklären. Auch die zahlreichen Zeugnisse von ihm in Nahtoderfahrungen oder medialen Begegnungen sind alle in einem gleich: Seine barmherzige Liebe, sein vollkommenes Wissen um die Lebensgeschichte eines jeden Menschen, sein unglaublich strahlendes Licht. Wir hätten guten Grund, aufgrund dieser Zeugnisse, egal welcher Religion wir angehören, aus Liebe zu Gott, ihn – Jesus – zu unserer Beziehungsperson zu machen. Er hat Augen, er ist und war die vollkommene Liebe, und es gäbe nichts Schöneres, als durch ihn, zum Ursprung, zur Einheit zu gelangen. Auch wenn viele Menschen nicht glauben, dass er Gottes Sohn war, unsere Zeitrechnung hat seine Geburt zu einem Fixpunkt und Anfang gemacht (vor und nach Christus). Warum war es *seine* Geburt und nicht die Mohammeds, Buddhas oder Moses'? Aber es ist ganz egal, wie wir ihn einordnen. Er wäre eine Möglichkeit, eine sichtbare Person mit Augen, zu der wir eine PERSÖNLICHE BEZIEHUNG aufbauen könnten. Vielleicht ergeht es uns dann eines Tages auch so wie Sadhu Sundar Singh, der während seiner innigen Gebete mit Jesus oftmals in eine ekstatische Verzückung geraten ist und mit ihm eine leibhaftige Verbindung herstellen hat können und von Jesus dabei belehrt wurde.[84]

Und der zweite Punkt, der noch viel wichtiger ist, betrifft die LIEBE. In jeder mystischen Offenbarung wird Licht, Lie-

84 vgl. F. Heiler 1987.

be und Kraft erlebt. Es ist doch nur logisch, dass wir ebenso am ehesten durch Liebe und starke Konzentration dieses mystische Liebesereignis erfahren können. Alles, was du denkst, wird irgendwann Wirklichkeit, das sagen fast alle Bewusstseinsforscher wie J. Dispenza 2017, L. Dossey 2014, D. Church 2018 u.v.a.m. Natürlich können wir uns in der Meditation auf die Atmung, oder das Nichts, den inneren Beobachter, den Chakrenpunkt oder die Gedanken konzentrieren. Aber wer könnte mit seinem kalten Verstand oder seiner technischen Konzentration jemals das göttliche Liebeslicht in sich entzünden? Was du *denkst,* das wird. Denkst du an ein Nichts, erlebst du ein Nichts. Unseren göttlichen Geistfunken erwecken wir am einfachsten durch kontinuierliche, sehnsüchtige und hingebungsvolle Liebe. Zu wem? Natürlich zu demjenigen, aus dem alles kommt, dem Urgrund von allem, ohne den es auch uns nicht gäbe. Hier können wir Dankbarkeit und Liebe zeigen. In der Stille, in einem inneren Gespräch, in der Meditation erreichen wir diesen Zustand am besten. Wir sollten mit der Reinheit eines Kindes lieben. Die Liebe sollte in unserem Herzen so stark entflammt sein, dass der Gesichtsausdruck automatisch in ein Lächeln übergeht und der Gefühlszustand automatisch ins Glücklichsein verändert wird. Der Gedankenstrom wird durch die innige Liebe gestoppt. Es wird nichts mehr gedacht, nur noch geliebt. So, wie es eben ein Kind am besten kann. Das wäre ein Weg zurück zum URSPRUNG, zum inneren Frieden, in unsere Heimat, zur inneren Glückseligkeit.

In welcher Intensität die Liebe praktiziert werden sollte, damit eine Einheitserfahrung eintritt, beschreibt Peter Michel in seinem Buch *Weltreligion* wie folgt: »Das Ich, die Person, der begrenzte kleine Mensch, muss lernen, zur Seite zu treten und Gott wirken zu lassen.«[85] Und weiter zitiert er Krishnamurti: »So ist Gott da, wenn Sie nicht sind. Wenn Sie sind, ist er nicht. Wenn Sie nicht sind, ist Liebe. Wenn Sie sind, ist keine Liebe.«[86] In eigenen Worten

85 P. Michel 2001, S. 159.
86 ebd. S. 159.

würde ich sagen: Die Sehnsucht nach der Verbindung zu Gott sollte im Gebet, in der Meditation über längere Zeit so hingebungsvoll anwachsen, dass die eigene Liebe zu Gott, die Vorstellung seiner unmittelbaren Nähe in dem Moment eine so starke Präsenz bekommt, dass damit »automatisch« die Wahrnehmung der eigenen Individualität in den Hintergrund tritt. An diesem Punkt vereinen sich alle Religionen: In der transzendenten Erfahrung Gottes Liebe. Und in dieser Art treten wir am ehesten die Nachfolge Christi an, indem wir Gott über alles lieben und uns nichts wichtiger ist als das. »Jeder, ob Heide oder Jude oder Buddhist, kann von seiner Sekte aus ein Anhänger und Nachfolger Christi werden. An kein anderes Gesetz ist dies gebunden, als an das Gesetz der Liebe und des Glaubens. Alle Nebenumstände sind unwesentlich. Wer die beiden Genannten in sich trägt, ist ein Nachfolger des Herrn. Wer sie nicht hat, mag sein Dogma heißen, wie es will, der kann sich nicht zum Nachfolger Christi rechnen.«[87]

Die Mystik im Christentum war auch durch Liebe und Glauben geprägt. Die Abwendung von der christlichen Mystik hin zur östlichen Meditationspraxis in der modernen westlichen Welt erkläre ich mir nach vielen Diskussionen und Nachfragen aufgrund der – eigentlich unzulässigen – Vermischung von negativen Erfahrungen durch Vertreter des christlichen Glaubens (Pfarrer, Bischof, Papst), die meist nichts mit Mystik und Liebe zu tun hatten, und dem tiefen Wahrheitsgehalt, der durch die Person Christi in unser Leben gebracht wurde und der sehr viel mit Transzendenz und Mystik zu tun hat (z. B. »mein Reich ist nicht von dieser Welt«). Egal, in welches Land wir sehen oder welche religiösen Praktiken wir betrachten, meist finden wir Menschen, die aus ritueller Gepflogenheit, also aus Tradition und nicht aus reinem Herzensempfinden ihren Gottesdienst tun. Überall auf der Welt finden sich sehr wenige erwachte und liebeserfüllte Menschen, nicht nur bei Christen. Und es besteht natürlich auch in der Übernah-

87 Willigis 1984, S. 84

me eines anderen Glaubens oder einer anderen religiösen Praxis dieselbe Gefahr wie in jeder religiösen Ausübung: Unser Herz bleibt verschlossen und wir rennen begeistert irgendeinem Heilsverkünder oder einem entseelten Ritual hinterher. Carl Friedrich von Weizäcker hat dies bereits 1978 mit folgenden Worten beschrieben: »Die Mystik, durch die Willens- und Verstandeskultur fast aus dem Westen vertrieben, kehrt aus dem Osten als Stillung eines plötzlich entdeckten spirituellen Durstes zurück. Es ist aber die Gefahr solcher Erweckungsbewegungen, statt Schritt für Schritt auf einem eröffneten Weg zu gehen, uns süchtig einer erhofften Erlösung in den Arm zu werfen.«[88] Dies schrieb er in einer Zeit, in der sich viele westliche Menschen irgendeinem Guru aus dem Osten anschlossen, doch leider oft nicht die ersehnte Seelenreifung durch erwachte Zustände und Herzensbildung erfuhren. Nach meiner Erfahrung ist es nicht unbedingt notwendig, einen Vermittler zwischen sich und Gott zu haben. Es reicht ein ruhiger Ort, an dem ich mein Herz für Gott öffne – und dies solange, bis Gedanke, Wort und Tat von einer übernatürlichen Liebe geleitet sind. Dies ist natürlich ein langer Weg, weil wir alle viele negative Charaktereigenschaften und Reaktionsmuster in uns tragen, die automatisch im Alltag über uns bestimmen. Deswegen rät Joe Dispenza: »Warum also nicht jeden Tag fragen: Was würde die Liebe tun? Das ist unser wahres Wesen, und das ist die Zukunft, die ich kreiere: eine Zukunft, in der jeder Einzelne von uns zu einem übernatürlichen Wesen wird.«[89]

Wer glaubt, dies sei nur etwas für einige Spinner, die sich für etwas Besonderes halten, der irrt. Unsere Welt ist momentan im Umbruch. Das Gemeinwohl und das Wohl unserer Erde rücken immer mehr in den Mittelpunkt. Der Egoismus ist nicht mehr so gefragt. Wir befinden uns auf dem Weg zurück zur Einheit. Natürlich sollten wir daher unser Bildungssystem, unser tägliches Verhalten und unse-

88 C. F. v. Weizäcker 1978, S 180.
89 J. Dispenza 2018, S.433.

re Werte umstellen. Doch wenn dies alles nur oberflächlich geschieht, dann wird es so sein wie nach allen Revolutionen und Umbrüchen: Die neuen Machthaber verfallen in die alten Muster und es bleibt, wie es war. Deswegen wird es nötig sein, diesen Umbruch auch mit einer inneren Wandlung zu vollziehen, wie es der Dalai Lama schon lange fordert (2012), aber auch Papst Benedikt XVI. in einer Ansprache auf dem zwölften Weltjugendtag 2007 mit der Überschrift »Innere Verwandlung der Existenz« thematisierte: »Es geht um die Wahl, nur für mich selber zu leben oder mich wegzugeben – an das Größere hin. Und bedenken wir dabei, dass Wahrheit und Liebe nicht abstrakte Größen sind, sondern in Jesus Christus sind sie Person. Wenn ich ihm folge, dann trete ich in den Dienst der Wahrheit und der Liebe. Mich verlierend finde ich mich.«[90] Und diese innere Wandlung braucht Zeit und Training. Deswegen sollte ein gelebter Glaube heute nicht nur auf der Grundlage alter, überlieferter Schriften basieren, sondern auch und vor allem auf den Erfahrungen jetziger, zahlreicher Zeitzeugen (durch Nahtoderfahrungen und medialen Durchsagen). Der gelebte Glaube sollte seinen Zweck erfüllen, indem er mit der nötigen Liebe für alle, die auf unserem Planeten leben, zu einem liebevolleren und friedlicheren Zusammenleben führt. Damit ist klargeworden: Der Weg zurück zur Einheit geschieht nur auf dem Weg der LIEBE. Viele könnten dies in diesem Leben schaffen, aber manche auch nicht. Bekommen diese dann eine weitere Chance auf dieser Erde?

2.3. Wie steht es mit der Reinkarnation – der Wiederverkörperung?

In meinen Ausführungen unter 2.1. habe ich schon dargelegt, dass die Erschaffung der Materie aus geistiger Sicht ein göttlicher Rückführplan für die in die Selbstsucht gefallenen geistigen Wesen ist (nach Lorber). Diese machen

90 Benedikt XVI. 2007, S. 199.

in der Regel verschiedene Entwicklungsstadien durch. Vom Mineral bis zum Mensch finden demzufolge viele Wiederverkörperungen statt, bis sich eine Menschenseele ausgebildet hat. Nach dem Tod eines Menschen geht allerdings nach Lorber meist eine Weiterreifung in der geistigen Welt weiter. Wenn jedoch die Seele diese Möglichkeit nicht nutzt, dann kommt es zur Wiederverstofflichung: »Erst nachdem in der geistigen Welt alle Möglichkeiten der Läuterung und Vollendung erschöpft sind und ein weiterer Fortschritt in dieser Lebensform nicht tunlich erscheint, findet bei Seelen, denen noch Materielles, d. h. luziferischer Geist der Selbstherrlichkeit anhaftet, eine Wiedereinzeugung in der stofflichen Ebene statt.[…] Wann und unter welchen Verhältnissen die Wiedereinfleischung erfolgt, bleibt natürlich niemals dem Zufall oder der blinden und unvollkommenen Seele überlassen, sondern das bestimmen in weiser Liebe und Sorgfalt ebenfalls wieder die geistigen Diener des himmlischen Vaters, die leitenden Schutzmächte der Seele. Diese wählen Zeit, Ort, Eltern und Lebensverhältnisse aus, die am besten geeignet erscheinen, die Seele auf der neuen Bildungsstrecke geistig vorwärts zu bringen und sie durch allerlei oft bittere Erfahrungen für die Aufnahme eines höheren Erkenntnislichtes zu erschließen und zur Buße (Umkehr) zu bewegen.«[91] Das bedeutet, mit anderen Worten ausgedrückt, dass es ganz von unserem seelischen Vorleben (unabhängig, ob in der geistigen oder der materiellen Welt) abhängt, unter welchen Umständen wir wieder auf die Erde kommen. Unsere Entscheidungen im Vorleben bestimmen unsere körperliche Ausstattung, unseren astrologischen Geburtszeitpunkt, unter welchen psychosozialen Bedingungen wir aufwachsen und welche Schicksale wir in diesem Erdenleben zu erleiden haben. Unser ganzes Erdenleben verläuft damit nach einem festgelegten Plan.

Viele Menschen mit einer Nahtoderfahrung hatten den Eindruck, dass ihr Leben nach einem festgelegten Plan ver-

91 W. Lutz 1979, S. 540.

lief.[92] Das Bedeutsame während des Aufenthalts in der geistigen Welt (während der NTE) ist, dass die meisten einen ganz neuen Blick auf ihre Vergangenheit bekommen. Sie verstehen die Aufgaben, die in den jeweiligen Lebenssituationen enthalten waren. Dies sind oft Aufgaben, die die Menschen aus früheren Leben in dieses mitbringen, weil sie sie in der letzten Inkarnation nicht gelöst haben.[93] Auch die Bewertungen, wie z. B. »dies war mein böser Bruder oder meine böse Mutter«, verändern sich nach der geistigen Schau. Anke Evertz sah, dass ihre Lebensbedingungen aufgrund ihrer früheren Leben so gewählt worden sind. Und das Entscheidende ist, dass nach dieser Neubewertung alles Vergangene richtig war. Es hat so sein müssen. Man hat es selbst so gewählt und durch frühere Entscheidungen so bestimmt. Dies erfolgt immer nach dem Prinzip von *Saat und Ernte*. »Ich war absolut überwältigt von der Erkenntnis, dass alles, was in meinem Leben bisher geschehen war, einem übergeordneten Sinn zu folgen schien [...]. Um mir die Zusammenhänge noch verständlicher zu machen, zeigten sich mir nun Bilder aus vielen anderen Leben, die wir beide miteinander verbracht hatten. Sie war nicht immer meine Mutter gewesen. In vielen Leben hatte sie eine ganz andere Rolle eingenommen, und fast immer war sie dabei eine Person, die eine wichtige Bedeutung für mich spielte [...]. So vieles in unserem gegenseitigen Verhalten ergab mit einem Mal Sinn, als ich die Zusammenhänge erkannte. Alles, was ich bisher nie verstanden hatte, fiel von mir ab, als ich unsere Seelenaufgaben füreinander begriff.«[94] Dies bekam Anke Evertz während ihrer Nahtoderfahrung von einer Lichtgestalt offenbart.

Kein Kind kommt mit einer »unbeschriebenen« Seele hier auf die Erde. »Was wir an geistigem Erbe, an seelischer Reife, an Anlagen und Neigungen, Geistesgaben und Fähigkeiten, Lastern und Tugenden in diese physische Geburt mitbringen, sind die Früchte unserer vergangenen Bemü-

92 z. B. S. Musick 2018, A. Evertz 2019.

93 siehe R. Parti 2016.

94 A. Evertz 2019, S. 53–55.

hungen und früheren Leben. Wir sind nicht als jeweils neue Schöpfung Gottes und in makelloser Reinheit, also gleichsam als ›unbeschriebenes Blatt‹ geboren, sondern mit einer Fülle recht unterschiedlichen Anlagen und Neigungen, die keimhaft in uns schlummern und zur Entfaltung drängen.«[95] Selbst jemand, der sein Leben mit Selbstmord beenden will, kann wie Angie Fenimore in ihrer NTE, erkennen, dass alles Leid, das wir hier erleben, nur dazu da ist, um auf unserem Weg der Seelenreife daran zu wachsen. Sie wollte ihr Leben beenden und stand in der Finsternis, an deren Rand sie eine wunderbare Gottes- und Jesuserfahrung hatte, die sie dann zur Umkehr bewog. »Ich sah jetzt, dass alles Leid meines irdischen Lebens vorübergehend sein würde und in Wirklichkeit zu meinem Besten war. Unsere Leiden auf Erden müssen nicht zwecklos sein. Auch die tragischsten Umstände lassen Menschen wachsen.«[96] Denn die Seele ist wie ein Behälter, der all unsere Erfahrungen speichert. Und wenn die Erfahrungen erst voller Liebe sind und das Negative überwunden haben, kann sich der göttliche Funke – quasi unser vollkommener Geist – in diesem Seelenkörper durch eine Wiedergeburt entfalten. Doch der erste Schritt auf diesem Weg ist m. E. die Akzeptanz unseres Lebensplans mit all seinen Schicksalsschlägen und die Erkenntnis, dass uns ein göttliches Wesen (Gott, Jesus) bedingungslos liebt.

Wie aber nun der Mensch mit diesen festgelegten Lebensbedingungen seines Lebensplans umgeht, das entscheidet er wieder mit seinem freien Willen. Entweder er hadert damit und quält sich, oder er nimmt sie an und überlegt sich, was er Positives daraus lernen kann. Damit setzt er sich wieder eine neue Saat für spätere Leben. Wenn er aus diesem Kreislauf aussteigen will, wäre ein guter Umgang mit seinen Lebensereignissen ratsam. Annehmen und vergeben sind zwei der guten Umgangsweisen. Dazulernen und negative Verhaltensmuster überwinden wäre noch ein besse-

95 H. E. Benedikt 2004 in Unicon 2014, S. 151.
96 A. Fenimore 1996, S. 143.

rer Umgang. Lieben zu lernen und hinter allem den göttlichen Funken zu sehen ist sozusagen das Sahnehäubchen im Entwicklungsprozess. Nicht ohne Grund bekommen viele Menschen während ihrer NTE den Auftrag, auf die Erde zurückzukehren und den Menschen auf ihrem Heilsweg zu helfen – so geschehen bei Dr. Rajiv Parti (2016) oder Dannion Brinkley (2010). Auch Anke Evertz (2019) oder Anita Moorjani (2012), die durch ihre NTE ihren Körper heilten, sind willkommene Beispiele, wie man durch den Glauben an sein göttliches Selbst und die Entwicklung der göttlichen Liebeskraft zu dem Menschen werden kann, der man im Innersten ist. »Wenn wir wieder heil und ganz werden wollen, müssen wir erneut das werden, was wir ursprünglich waren: Engelgleiche Wesen.«[97]

Einige Menschen mit Nahtoderfahrung oder in medialen Durchsagen bekommen Einblicke in ihre persönliche Zukunft geschenkt. So war es bei Carmen Paul (2019), als sie sich weigerte, wieder in ihren Erdenkörper zurückzukehren. Daraufhin zeigte ihr Jesus drei Szenen aus ihrem zukünftigen Leben. In der dritten Szene erblickte sie ihr Enkelkind, und das gab ihr den Anstoß, wieder zurückzukehren. Alle drei Szenen ereigneten sich Jahre später in ihrem Erdendasein genauso, wie sie es gesehen hatte. Dies wäre rein logisch nicht möglich, wenn es nicht schon einen fertigen Plan gäbe.

Unzählige Reinkarnationstherapeuten berichten von Zusammenhängen zwischen diesem und der früheren Leben ihrer Patienten.[98] Interessante Zusammenhänge zwischen heutigen psychosomatischen Beschwerden oder psychischen Störungen und Ereignissen in früheren Leben wurden in Hypnose oder hypnoiden Zuständen von den Patienten entdeckt. Ein wichtiger Faktor zur Heilung können dabei auch die in der Entspannung erlebten Lichtwesen oder das Vertrauen auf eine göttliche Führung sein. Aber

97 B. Imhof 2019, S. 60.

98 Brian L. Weiss 1995, Michael Newton 2005, Ursula Demarmels 2012, Dorothea Fuckert 2013, Trutz Hardo 2006 u.v.a.m.

für manche Menschen bleiben die Rückerinnerungen verschlossen. Einem Mann wurde während seiner Rückführung von seinem geistigen Begleiter folgendes gesagt: »Erst wenn es dir gelingt, deine gegenwärtigen Ängste abzulegen, wird dir Zugang zu deinen früheren Leben gewährt.«[99] In anderen Worten würde ich sagen, man braucht eine gewisse Seelenreife oder psychische Stabilität, um die Erinnerung an ein früheres Leben zu bekommen, sonst könnte die Erinnerung sich eher belastend als erlösend auf das jetzige Leben auswirken. Leider geschieht ein solches Vorhaben (Rückführung in ein früheres Leben) oft auch nur aus reiner Neugier, was m. E. nicht gerade die beste Motivation ist. Doch auch wenn man bestimmte Zusammenhänge zu früheren Leben in der Hypnose erkannt hat, wird einem der Weg der seelischen Reifung und der Überwindung eigener negativer Charaktereigenschaften nicht abgenommen. »Man sollte sich jedoch, bis auf wenige Ausnahmen, nicht zu viel mit vergangenen Inkarnationen beschäftigen, denn das meiste, was wir aufzuarbeiten haben, rührt vom jetzigen Leben her. Wenn es uns gelingt, dies in reiner Liebe zu heilen, kann der karmische Rest sich oftmals von alleine lösen.«[100]

Auch Kinder haben oft Rückerinnerungen an frühere Leben. Umfassende Untersuchungen stammen von Ian Stevenson (2014), Dr. Jim B. Tucker (2014) oder Wayne W. Dyer (2016). Auch hier gibt es unzweifelhaft Erinnerungen an frühere Leben, deren Richtigkeit überprüft und bestätigt wurde. Also kann man zusammenfassend sagen, dass es ohne Zweifel unzählige Erfahrungsberichte über frühere Leben gibt. Das Spannende ist m. E. nicht die Frage, ob es diese mehrmaligen Wiederverkörperungen gibt, sondern in welchem inhaltlichen Zusammenhang sie stehen. Manche Menschen erleben ja oft in ihrem heutigen Leben grausame Dinge.

99 B. L. Weiss 1995, S. 239.
100 J. Haas 2015, S. 146.

Da kommt schon die Frage auf, wieso sich eine Seele so ein grausames Erdenleben aussucht. Meist geschieht es deswegen, weil die Seele durch das eigene Erleben die Erfahrung machen möchte, wie es sich anfühlt, was sie in einem Vorleben anderen Menschen zugefügt hat, um es in der Weise nie wieder selbst zu tun. Hat ein Mensch im früheren Leben anderen Menschen aus nichtigen Gründen das Augenlicht genommen z. B. durch ein glühendes Eisen, das vor die Augen gehalten wird, so kann er in einem späteren Leben die Erfahrung von Blindheit machen, indem er als blindes Kind geboren wird. Dies geschieht nicht als Vergeltung, sondern als Lernprozess für die Seelenreifung. »Meistens war das Opfer früher ein Täter und dieser ein Opfer. Das kann sich endlos wiederholen.«[101] Das bedeutet, wer auf Rache verzichtet und vergibt, tritt aus dem Teufelskreis heraus. Oder wer sein Unrecht einsieht und bereut, sich vergibt und sich ändert, ist auf einem guten Weg. Die Aussaat der Liebe durch seine jetzigen Taten ist entscheidend, nicht nur die Erkenntnis in die Zusammenhänge früherer Leben. »Es kann immer nur darum gehen, das eigene Tun klar zu erkennen, ehrlich zu bereuen, sich selbst und anderen zu verzeihen und zu versuchen, daraus zu lernen und es, wenn möglich, wieder gut und in Zukunft besser zu machen – gleich ab heute oder, wenn man schon gestorben ist, im nächsten Leben.«[102] Das heißt mit anderen Worten: Es gibt keine Ungerechtigkeit in unserem Erdenleben. Alles ist so geplant, dass es in vollkommener logischer Übereinstimmung ist mit unseren früheren Leben. »Es ist für uns Menschen freilich hart, einsehen zu müssen, dass niemand in der Welt für unser Erdenleben und für unser Geschick verantwortlich ist als jeder für sich selbst.«[103]

Hier kommen wir jetzt an einen zentralen Punkt, der für die Psychotherapie auf diesem Weisheitshintergrund wichtig ist. Halten wir uns nicht zu viel in der Vergangenheit auf? Geben wir nicht zu oft den Eltern die Schuld, wenn das

101 U. Demarmels 2012, S. 119.
102 ebd. S. 122.
103 B. Imhof 2019, S. 66.

Kind sich fehlentwickelt? Sollten wir nicht die Fragen ganz anders stellen? Was soll das Kind aus dieser Familiensituation, die es gehabt hat, lernen? Sollten wir nicht viel mehr in die Zukunft arbeiten? Wenn ja, wie? Zielgerichtet oder frei assoziierend? Was bringen in diesem Zusammenhang Familienaufstellungen? Im nächsten Kapitel betrachte ich auf dem bislang dargestellten Hintergrund einige der vorhandenen psychotherapeutischen Methoden und versuche eine Einordnung bezüglich deren Ausrichtung auf die Seelenreifung vorzunehmen.

3. Was tragen vorhandene psychotherapeutische Methoden zur Seelenreifung bei?

Zuerst möchte ich kurz zusammenfassen, was unter dem Begriff »Weisheit« bislang zusammengetragen wurde: Alles Leben geht zurück auf einen geistigen Ursprung, genannt der EINE, oder in unserem Kulturkreis Gott. Erste Wesen außerhalb dieses Ursprungs wurden von diesem Ursprung selbst in die geistige Welt hinein geboren. Deswegen trägt alles, was ist, diesen göttlichen, geistigen Urfunken in sich. Diese Wesenheiten haben einen geistigen Seelenkörper, in dem der göttliche Urfunke lebt, aber noch nicht durch das Bewusstsein der Wesen entfaltet ist. Insofern sind diese geistigen Wesen »unvollkommen« geboren mit der Aufgabe, zur Vollkommenheit zurückzufinden. Auf diesem Weg haben die Wesen – dem Ebenbild des Ursprungs gleich – einen freien Willen, mit dem sie in ihrer eigenen Individualität Entscheidungen treffen. Manche dieser Urgeister blieben durch ihre Entscheidung, in Liebe und Demut zu wirken, in der Nähe dieses Ursprunges und verweilen bis heute im Licht dieser geistigen Welt. Diese Wesen hatten nie eine materielle Verkörperung erlebt. Ein anderer Urgeist entwickelte sich kraft seines freien Willens langsam immer mehr in Richtung Hochmut. Eine Menge Befürworter dieses Weges folgten ihm. Durch die freie Entscheidung zur Selbstsucht verringerte sich in diesen Wesen die Liebestätigkeit mehr und mehr. Dadurch fielen diese Wesen in eine Art Erstarrung – der Anfang unserer materiellen Welt, der sogenannte Urknall. Materie ist quasi selbstsüchtige Energie, die nichtsdestotrotz den geistigen göttlichen Urfunken in sich trägt. Durch lange Entwicklungsperioden hindurch hat sich diese Energie zu einem Seelenkomplex geformt, der den

Menschen befähigt, kraft seines freien Willens und seiner Reflexionsfähigkeit durch Liebe und Demut wieder zurück in die lichte geistige Welt auf einem Seelenreifungsprozess zu finden. Alles, was ein Mensch auf der Erde entscheidet, ist wie eine Saat, die eine Ernte zur Folge hat. Dies ist ein geistiges Gesetz, ohne welches kaum Ordnung vorstellbar wäre. Jeder Mensch entscheidet durch sein Tun diesem Gesetz zufolge, ob er mit seinem Seelenkörper nach dem Tod in einer dunklen oder einer lichten Ebene landet. Das entscheidende Merkmal für die dunklen Ebenen ist selbstsüchtiges Verhalten, das Merkmal für die Lichtebenen ist Liebestätigkeit. Wachstum und Reifung ist in jeder Ebene möglich, aber nur, wenn der freie Wille es will. Durch Einsicht und Reue ist Wachstum auf den unteren Ebenen möglich. Manche Seelenkörper können den Rest ihrer Seelenreifung in der geistigen Welt vollenden, je nachdem, wie reif sie zu Erdzeiten gelebt haben. Viele Seelen jedoch wählen eine Wiederverkörperung, die nach einem festgelegten Plan, der sich nach dem Vorleben ausrichtet, erfolgt. Dieser Plan wird in Zusammenarbeit mit weit entwickelten Lichtwesen erstellt und jede Seele stimmt ihrem Plan zu, bevor sie sich ganz mit dem werdenden physischen Körper im Mutterbauch verbindet und damit ihr Wissen über ihr Vorleben und die Zeit in der geistigen Welt verliert. Damit sind nach der Logik von *Saat und Ernte* die körperliche Ausstattung, die Gene der Eltern, der astrologische Geburtszeitpunkt, die Erziehung, die Berufswahl, die Begegnungen mit Menschen während des Erdenlebens, das ganze Schicksal mit Leid und Freud in einem gerechten Sinn festgelegt. Zweck dieser Schicksale ist, an allem, was einem begegnet, zu reifen. Ziel ist: Reifung der Menschenseele zum göttlichen Liebesfunken in ihr durch Liebestätigkeit und Überwindung selbstsüchtiger Bestrebungen.

Jetzt kommt die Frage: Was kann Psychotherapie zu diesem Ziel beitragen? Insbesondere geht es dabei um die Überwindung maßloser Selbstsucht und Entwicklung von Liebestätigkeit bei Menschen, die meist in ihrer Kindheit nur wenig Liebe erfahren haben. Dabei kann die Selbstsucht verschiedene Formen annehmen, von Selbstmitleid bis Selbstüberheblichkeit, egoistische Lebenseinstellungen, Starrheit im Denken, Gefühlskälte, Sarkasmus, dominantes Auftreten und viele Varianten mehr.

3.1. Psychoanalyse und Tiefenpsychologie

Die Psychoanalyse und die Tiefenpsychologie sind bestrebt, das Verhalten jedes Patienten aus seiner Kindheit zu erklären, damit der Patient Einblick in die Motivation seiner Verhaltensmuster bekommt. Je nachdem, welcher Richtung in der Psychoanalyse der Therapeut angehört, folgen unterschiedliche Interpretationen dieses Verhaltens. Dieser Einblick in die Zusammenhänge kann gut sein, wenn es dem Patienten hilft, sein Verhalten durch die erfolgte Reflexion während der Sitzungen zu verbessern. So zu verbessern, dass er glücklicher leben kann und sich nicht in Beziehungsprobleme verstrickt. Was dabei förderlich sein kann, ist die Empathie und Beziehungsfähigkeit des Therapeuten, wodurch der Patient durch die Beziehung zum Therapeuten evtl. Beziehungsfähigkeit in einer neuen Art lernen kann.

Aber es kann auch Nachteile haben: Die Interpretationen des Verhaltens könnten nicht zutreffen. Die Zeit, die man mit der Kindheit verbringt, bringt evtl. zu wenig Fortschritt für die Einübung eines neuen und besseren Verhaltens. Steht überhaupt eine entsprechende gute Ethik hinter dem Zielverhalten? Bleibt der Patient in seiner Rolle als Opfer gefangen, weil er sein Leid im Elternhaus nicht als notwendige Aufgabe für sein jetziges Leben versteht? Freud hat sich selbst – Jahre nach seinem Ableben – durch ein Medium wie folgt geäußert: »Der Mensch ist die Endsumme seiner vorangegangenen Erdexistenzen, und seine Kindheit ist keineswegs die Ursache, sondern bereits als eine Auswirkung dessen zu betrachten, was oft Jahrhunderte hinter ihm liegt.«[104] Infolgedessen bleibt die Zuord-

104 E. Herrmann 1999, S. 76.

nung der psychischen Störung des Patienten auf seine Kindheit eine verkürzte und auch falsche Annahme. Der Patient erkennt nicht die Notwendigkeit und Richtigkeit des elterlichen Handelns, weil er nicht den Zusammenhang zu seinen früheren Leben aufgezeigt bekommt. Deswegen ergeben sich oft falsche Schuldzuweisungen. Und statt den Patienten nach vorne zu begleiten, um sein Fehlverhalten zu korrigieren, bleiben viele Tiefenpsychologen in der Vergangenheit stecken. Durch den hier von mir dargelegten Blickwinkel würde es in der Therapie zu ganz anderen Interventionen kommen. Auch ist eine Betonung von verdrängter Sexualität in der Theorie Freuds von höherentwickelten Lichtwesen aus dem Jenseits für eine Gesundung einer Menschenseele nicht bestätigt worden. Daher vermute ich, dass es eine Idee, bezogen auf die damalige Zeit war, die Freud damals geboren hat.

Ebenso wurde die Theorie der Archetypen (C. G. Jung) und ein für die Gesundung nötiges Durchleben eigener Schattenseiten oder der Entwicklung von anima und animus von keinem in der geistigen Welt lebenden Wesen für richtig erklärt. Im Jenseits geht es immer wieder um das Überwinden von selbstsüchtigen Motiven und dementsprechenden Handlungen. C. G. Jung hat aus dem Jenseits dem Medium Eva Herrmann folgendes mitgeteilt: »Mit einem einzigen Begriff wie z. B. dem der Archetypen – ein Aristoteles entlehnter Ausdruck – habe ich eine reale jenseitige Welt entthront und sie ersetzt durch die Vorstellung, es handle sich um etwas Abstraktes, Subjektives, wenn auch dem Gedankengut der gesamten Menschheit Angehörendes und allen Zugängliches. Ich verfügte, dass das, was ich einem Gedankengut angehörend bezeichnete – etwa die Gestalt eines Engels – nichts sei als eine zeitlose, wesenlose Idee und keineswegs etwas dem Moment angehörendes Reales; eine Gestalt aus einem Buch und nicht eine Gestalt der Wirklichkeit, mit der man einen Gedankenaustausch pflegen könnte. Und so habe ich diesen Boten höherer Sphären für viele Menschen und auf viele Jahre mit einem einzigen Federstrich den Garaus gemacht.«[105] Aus den Jenseitsberichten (Reue beim Lebensrückblick) würde man eher den logischen Schluss ziehen, dass manche Schattenseiten überwunden gehören und nicht ausgelebt.

Bei den tiefenpsychologischen Methoden verhält es sich ähnlich, natürlich muss man auch hier die verschiedenen Schulen berücksichtigen. Durch eine aktivere Beteiligung des Therapeuten kommt es zwar dabei manchmal zu einem größeren Beziehungsgeschehen, das durch »Übertragung und Gegenübertragung« analysiert werden kann, doch bleibt die Sichtweise auch hier die gleiche, dass psychische Störungen auf die Kindheit zurückzuführen sind. Das Positive an dieser Therapiemethode ist das Wissen, dass man manchmal auf seinen Partner, seine Kinder und viele andere Personen ungelöste Kindheitserfahrungen überträgt und dabei in ein Beziehungschaos gerät. Dies kann man bei entsprechender Durcharbeitung auflösen. Manche Therapeuten arbeiten mit dem »inneren Kind«, d. h. das Erwachsenen-Ich gibt dem Kindheits-Ich die Liebe und Aufmerksamkeit und insgesamt den Raum zur Persönlichkeitsentwicklung, den der Patient in seiner Kindheit nicht hatte. Hier spielt auch die Vergebung gegenüber den Eltern eine wichtige Rolle. Das ist im Prinzip ein guter Ansatz. Nur stellt sich dabei die Frage, woher das Erwachsenen-Ich die Erfahrung und das Wissen nimmt, wie es dem inneren Kind helfen soll, wenn es dies selbst nicht erfahren hat. Eine Möglichkeit, diese Erfahrung zu vermitteln, bietet die Therapeut-Patient-Beziehung. Wenn der Therapeut durch sein Verständnis und sein Mitgefühl, aber auch – wenn nötig – durch Konfrontation in der Beziehung zum Patienten eine emotional wichtige Rolle bekommt, dann könnte der Patient die Persönlichkeitsentwicklung, die er in der Kindheit versäumt hat, hier nachholen. Grundvoraussetzung dafür ist, dass der Therapeut selbst eine reife Persönlichkeit besitzt und sich nicht in eigene Probleme während der Therapie verstrickt. Wenn wir jetzt den Begriff »reife Persön-

105 ebd. S. 70.

lichkeit« näher beschreiben wollen, wären folgende Dinge gemeint: Er kennt alle Stärken und Schwächen bei sich und kann damit umgehen. Er führt privat »gelungene« Beziehungen. Er kann seine Gefühle in Ich-Form ausdrücken und lässt seinem Gegenüber genügend Raum, um sich auszudrücken. Er kann Kritik verteilen und auch einstecken. Er besitzt Einfühlsamkeit, aber auch Klarheit und Abgrenzung zum Patienten. Der Therapeut darf den Patienten nicht von sich abhängig machen, darf aber auch nicht emotional unbeteiligt bleiben. Er führt ein erfülltes Leben, hat sich und seinen inneren Frieden gefunden.

Es wird deutlich, dass viel an der Person des Therapeuten hängt und dessen Wertesystem. Je nach persönlichem Hintergrund und psychotherapeutischer Schule bewertet ein Therapeut die Kindheitserlebnisse so oder so, und nach dem richtet sich ein Patient meist auch unbewusst aus. Ob es sich positiv auf die Seelenreife des Patienten auswirkt, indem er dabei unterstützt wird, seine negativen, selbstsüchtigen Bestrebungen durch Liebestätigkeit zu überwinden, hängt vom Wertesystem des Therapeuten ab. Ich persönlich finde das Durcharbeiten der Beziehungsdynamik für Patienten sehr hilfreich, auch mit einer abschließenden vergebenden Haltung den Eltern oder anderen gegenüber, aber die Deutungen (Ödipus, Schatten, Symbiose, etc.) halte ich für unpassend und unerheblich und würde sie ganz weglassen.

3.2. Verhaltenstherapie

Diese Form der Psychotherapie ist sehr pragmatisch und richtet sich auf ganz konkrete Veränderungen der krankmachenden Verhaltens- oder Denkmuster. Der Therapeut gibt bestimmte optimale Kommunikationsstile vor und lehrt sie dem Patienten in übender Form. Im Wesentlichen geht es dabei um eine gedankliche Neubewertung einer Situation, Einübung neuer Verhaltensmuster oder um Entspannungsverfahren. Ängste, Zwänge oder Depressionen werden von bestimmten negativen Gedanken ausgelöst und diese nimmt man dann als Ursache an und sucht sich Alternativgedanken. Es wird meist nicht viel Zeit mit der Frage verbracht, woher diese Gedanken kommen und welche Ursachen in der Kindheit dafür vorliegen. Das Wichtigste in der therapeutischen Arbeit ist, die krankmachenden Gedanken zu verändern und die Symptome zu heilen. Die Kontrolle über die Gedanken erreichen die Patienten manchmal am besten über Entspannungsverfahren, z. B. Autogenes Training oder Progressive Muskelentspannung. Sie lernen über Konzentration ihre Gedanken zu sammeln und darüber eine innere Ruhe zu erzeugen. In diesem Zustand kann man Symptome wie Ängste oder Zwänge durch systematische Desensibilisierung (Entspannung und gleichzeitige Konfrontation mit dem Angst- oder Zwangsgeschehen) besser ertragen und langfristig überwinden. Diese Konfrontation mit der Angst lässt in vielen Fällen die Ängste zurückgehen. Desweitern werden oft Ressourcen der Patienten stärker aufgebaut. Gerade bei Depressionen ist es förderlich, wenn der Patient Dinge tut, die ihm Freude machen. Damit verfängt er sich nicht so schnell in der Abwärtsspirale Depression– negative Gedanken – Antriebslosigkeit – noch stärkere Depression. Durch diese Vorgehensweisen lernt der Patient mehr Selbststeuerung und Selbsteffizienz. Über die Methode der Rollenspiele kann neues Verhalten eingeübt werden. Das kann ein Durchsetzungstraining sein oder ein Kommunikationstraining, in dem man aktives Zuhören oder lösungsorientierte Problembewältigung lernt.

Ich persönlich finde sehr gut an dieser Therapiemethode, dass der Patient konkrete und optimale Selbstveränderungstechniken an die Hand bekommt und durch Übung bleibende Veränderungen im Verhalten erlernt. Das kontinuierliche Üben erzeugt im Gehirn neue Muster, die dann automatisches neues Verhalten zur Folge haben. Eine Gefahr bei dieser Therapie ist, dass der Therapeut den ganzen Vorgang zu technisch abwickelt und dabei wenig Beziehung zum Patienten aufbaut. In dem Fall bliebe ein wichtiger Punkt in der Persönlichkeitsentwicklung des Patienten unberührt und das wäre die persönliche Beziehung zum Therapeuten. Denn alles, was emotional als bedeutsam erlebt wird, verankert sich tiefer im Gedächtnis eines Menschen. Auch in diesem Fall hängt es ganz am Charakter und an der Ausbildung des Therapeuten, wie beziehungsfähig und emotional reif er ist. Man kann auch bei dieser Therapie in bestimmten Punkten übertreiben und den Menschen dann zur Selbstsucht verleiten, indem er lernt, nur an sich und nicht mehr an andere zu denken. Aber wenn es in ausgewogener Weise vermittelt wird, lernt man Abgrenzung von stressenden Menschen und Gedanken, optimale Kommunikationsmuster bei der Problembewältigung und eine Form des Zur-Inneren-Ruhe-Kommens.

3.3. Familienstellen nach Bert Hellinger

Diese sehr populär gewordene Form der Schnellbehandlung will ich nur in aller Kürze streifen. Kurz zur Erklärung: Meist wird dieses Familienstellen in der Gruppe vollzogen. Jemand will seine Familie aufstellen, sucht sich aus der Gruppe Stellvertreter für seine Familienmitglieder und positioniert sie intuitiv und achtsam im Raum. Danach setzt sich die betreffende Person wieder unter die Zuschauer. Der Leiter beginnt die aufgestellten Personen nacheinander zu fragen, wie sie sich fühlen. Danach stellt der Leiter die aufgestellten Personen so lange im Raum um, bis sich eine Lösungsaufstellung ergibt. In diesem Moment stellt sich die Person, die ihre Familie aufgestellt hat, an den Platz, an dem ihr Stellvertreter stand. Dann wird sie gefragt, wie sie sich hier fühle und es werden noch einige Lösungssätze gesprochen. Das Ganze findet in einer höchst emotionalen Stimmung statt, mit teils sehr suggestiver Beeinflussung durch den Leiter. Diese Lösungsaufstellung soll dann zur Gesundung oder Lösung des Problems der aufstellenden Person beitragen.

Interessanterweise sind die geäußerten und erlebten Gefühle vieler »Stellvertreter« der Familienmitglieder, für die sie aufgestellt wurden, ziemlich identisch mit den Gefühlen der wahren Familienmitglieder. Wie kommt das? Die Stellvertreter kennen doch die Familie und den Aufsteller gar nicht. Ähnliche Übertragungsphänomene sind aus der Gruppendynamik bekannt, z. B. in einer Balint-Gruppe. Einer der Anwesenden erzählt von einer Beziehung mit einem anderen Menschen (im Folgenden als Gegenüber bezeichnet) und in der Gruppe entsteht dann eine Dynamik, wie sie in der Beziehung zwischen Erzählendem und dem Gegenüber tatsächlich stattfindet. Dabei übernimmt einer oder mehrere in der Gruppe die Gefühle des Gegenübers. Daran kann man dann den Beziehungskonflikt zwischen den beiden (Erzähler und Gegenüber) gut bearbeiten. Der Unterschied zwischen Aufstellung und Balintgruppe ist aber der, dass während der Aufstellung der Aufsteller gar nichts erzählt, sondern nur seine Familienmitglieder im Raum bewusst (mit dem Gesicht in eine bestimmte Richtung) positioniert. Entsteht aus dieser bewussten oder unbewussten Positionierung so etwas Ähnliches wie eine Übertragungssituation, die die Stellvertreter dann über ihre Gefühle ausdrücken? Man weiß es nicht genau und die Erklärungen z. B. über morphogenetische Felder u. a. sind alle vage. Aber dies alles wäre gar nicht so bedeutsam, wenn diese Form der Therapie wirklich zur Gesundung der Menschen beiträgt.

Nach den Erfahrungen mit meinen Patienten, die so eine Aufstellung schon durchgeführt haben, erleben viele in der Situation etwas »Hochdramatisches«, doch danach ist es bei den meisten so, wie es vorher auch war, und bei wenigen ist es schlechter, weil sie verwirrter sind, und bei noch weniger Menschen löst sich dabei etwas wie ein innerer Konflikt nachhaltig. Die Verwirrung bei den Menschen, denen es hinterher schlechter geht, kommt von der Deutung, die der Leiter während der Aufstellung vorgenommen hat, die aber mein Patient (in diesem Fall) nicht nachvollziehen konnte. Dadurch, dass die meisten Patienten willensschwach sind, trauen sie sich nicht zu widersprechen und geraten in einen inneren Konflikt und fühlen sich dann für irgendetwas schuldig, was sie aus dieser Warte noch nie so gesehen haben.

Prinzipiell sind diese Aufstellungen allein von der ganzen Konstruktion her in mehreren Punkten problematisch: Erstens wird davon ausgegangen, dass dieses intuitive Aufstellen der Stellvertreter für die eigenen Familienmitglieder im Raum eine essentielle Aussage über die Familiensituation dieses Menschen bezeugt. Ist das denn so? Woher kommt diese Annahme? Zweitens nimmt man an, dass die Stellvertreter genau die Gefühlssituationen ausdrücken, die dieses Familienmitglied auch in Wirklichkeit gespürt hat. Ist das denn so? Woher weiß man, dass in den Gefühlen, die der Stellvertreter ausdrückt, nicht eigene Probleme des Stellvertreters ausgesprochen werden, sondern nur diejenigen, die das Familienmitglied hatte? Wenn der Leiter dann die aufgestellten Personen hin- und herschiebt, bis alle sich einigermaßen wohl fühlen, wieviel Beeinflussung geht dann vom Leiter aus, weil er intuitiv eine Lösung im Kopf (z. B. Eltern stehen nebeneinander und den Kindern gegenüber) hat? Wenn dann die Deutung des Leiters vorgenommen wird, z. B. »du hast die Gefühle und den Platz deines verstorbenen Bruders eingenommen«, ist sie dann wirklich richtig? Alle Leiter, die ich bislang kennengelernt habe, hatten keine Ahnung von der Literatur über das Leben nach dem Tod und was dann die Verstorbenen wirklich fühlen oder denken. Dass Bert Hellinger seine Privatmeinung in die Aufstellungen hineingebracht hat, ist ja nun hinlänglich bekannt. Und diese Meinung war teilweise z. B. frauenfeindlich und auch sonst ziemlich neben der Realität. Aber auch er wurde von vielen Menschen lange Zeit wie ein Guru behandelt. Ich glaube, dass die Fülle an Deutungsmöglichkeiten viel Ähnlichkeit mit psychoanalytischen Methoden hat wie z. B. der Rohrschachtest oder der Scenotest, und dass diese Deutungen beliebig und austauschbar sind. Je nachdem, welche Person die Aufstellung vollzieht, kommt eine andere Deutung heraus. Diese Willkür öffnet Tür und Tor für Unsinn, in gewisser Weise ähnlich der Fake News im Internet.

Nun aber zu den positiven Einzelteilen, die sich in Aufstellungen ergeben können. Wenn z. B. während der Lösungsaufstellung die Person zu ihren Eltern-Stellvertretern sagt: »Ihr seid die richtigen für mich, ich nehme euch an«, dann ist das aus der Literatur der Jenseitserfahrungen schon richtig, weil sich ja jeder seine Eltern aussucht (nach dem Prinzip von *Saat und Ernte*). Nur dieser Sinnzusammenhang wird den Personen bei der Aufstellung nicht vermittelt, weil die Leiter nicht mit diesem Hintergrundwissen ausgestattet sind. Trotzdem kann sich für die Person, die dieses sagt, etwas in ihrem Inneren lösen, indem sie den Konflikt mit den Eltern beilegt. Auch die Lösungsaufstellung verschafft vielen Beteiligten ein Gefühl von: »Jetzt ist es ok, jetzt kann ich es loslassen.« Auch das kann positiv gesehen werden, weil es die betreffenden Menschen dann nicht mehr in ihrem Leben behindert und keine Last mehr ist. Doch als therapeutische Methode würde ich lieber eine kontinuierliche Begleitung der Patienten empfehlen.

3.4. Psychosynthese nach Roberto Assagioli

Assagioli ist ein Zeitgenosse Freuds (geb. 1888, gest. 1974) und gründete sein Psychosynthese-Institut 1926 in Rom. In der Therapie strebt der Patient die Verbindung mit dem eigenen Höheren (transpersonalen) Selbst an. Dieser Ansatz ist spirituell ausgerichtet, wobei der Autor betont, »dass bei der spirituellen Psychosynthese die mystische Erfahrung kein Ziel an sich ist, es vielmehr um den praktischen Zweck geht, mehr Kreativität zu gewinnen und eine größere Fähigkeit auf einem bestimmten Gebiet zu erreichen.«[106] Zentrales Thema bei dieser Entwicklung ist der Aufbau und die Stärkung des eigenen Willens. Zur Erreichung dieses Ziels werden viele Konzentrations- und Vorstellungsübungen verwendet, quasi eine Vorstufe täglicher Meditationspraxis. Eine andere methodische Vorgehensweise in der The-

106 R. Assagioli 1988, S. 233.

rapie ist die Desidentifikationsübung. Diese dient dazu, mehr inneren Abstand zu automatischen Reaktionen zu bekommen. Man identifiziert sich immer mehr mit dem inneren Beobachter in sich und hat dadurch mehr Veränderungsspielraum, um ein Verhalten zu ändern. Auf dem Weg zum Höheren Selbst stolpert man unweigerlich über verschiedene Teilaspekte seiner Persönlichkeit (negative wie positive), deren Sinn man erkennt und sie in einem Synthese-Vorgang integriert. Hierbei können z. B. Imagination und Tanz, als Imaginationstechniken die Gralssage, Dantes *Göttliche Komödie* oder eine Übung zum Erblühen einer Rose verwendet werden. Spirituelle Figuren werden immer als Symbole gebraucht, um innere Wesenszüge des Idealbildes eines Patienten zu entwickeln. Psychosynthese nimmt die Existenz einer geistigen (spirituellen) Realität an, hat aber nicht zum Ziel »und versucht auch nicht, eine metaphysische oder theologische Erklärung des großen Mysteriums des Lebens zu geben – sie führt zur Tür, hält aber dort inne.«[107]

In dieser Therapie kann die spirituelle Entwicklung eines Menschen sehr weit vorangebracht werden, sie nutzt aber nicht die Realität jenseitiger Wesen wie z. B. Engel und gibt keinen Überblick über Gesetze, die in der geistigen Welt gelten. Die Überwindung von negativen Charakteranteilen kann durch die Willensentwicklung und die Identifikation mit dem Höheren Selbst erfolgen. Man bekommt insgesamt durch die Entwicklung des inneren Beobachters mehr Abstand zu seinen Mustern, was aber nicht zwingend zu einer Überwindung derer führen muss.

3.5. Reinkarnationstherapien

Ziel der Reinkarnationstherapien ist es, heutige Symptome und Probleme des Patienten aus dem Erleben von früheren Leben zu erklären und zu heilen. Dazu ist es meist erfor-

107 ebd. S. 18

derlich, dass der Patient in einen tiefen Entspannungszustand kommt, in dem er dann – quasi wie in Hypnose – durch sein Un- oder Überbewusstsein frühere Leben erlebt und er dann, nach dem Tod in diesem früheren Leben, die Erfahrung des Lebens in der geistigen Welt zwischen zwei Erdenleben macht. Nach Roger Woolger (2006) beinhaltet die Heilungsarbeit der Rückführung blockierte Gefühle und Körperbereiche zu lösen, negative Glaubenssätze durch positive zu ersetzen und eine Lösung für die Figur im früheren Leben z. B. im Psychodrama zu finden. Manche Erfahrungsberichte über Reinkarnationstherapien sind sehr eindrucksvoll, weil dadurch z. B. chronische Schmerzzustände hinterher aufgelöst waren und nicht wieder auftraten. Andere Berichte wiederum drücken wenig Erfolg aus. So schreibt die erfahrene Rückführungstherapeutin Dorothea Fuckert: »Bei wenigen Seelenreisenden scheint die Erfahrung keine oder wenig positive Auswirkung zu zeigen. Die Lebenssituation und innere Problematik des Betroffenen könnten zu schwierig sein, sodass die Seelenreise allein keine dauerhafte positive Veränderung bewirken kann. Sie ist auch kein Ersatz für eine notwendige Psychotherapie oder sonstige Entwicklungsarbeit.«[108] Hier könnte man heraushören, dass für diese Rückführungsarbeit eine gewisse seelische Reife/Stabilität oder charakterliche Entwicklung Voraussetzung ist.

Meines Erachtens gibt es verschiedene Probleme bei dieser Art von Behandlung. Zum einen ist es nahezu unmöglich, bei vielen Menschen einen so tiefen hypnotischen Zustand zu erzeugen, dass wirkliche Erfahrungen aus dem früheren Leben erinnert und keine Phantasieprodukte aus dem Ich produziert werden. Dies voneinander zu unterscheiden ist manchmal sehr schwer. Zum anderen kann bei psychisch kranken Menschen eine Rückführung zu mehr Belastung führen, wenn sie sich z. B. an ein Leben erinnern, das sie dann hinterher nicht mehr aus ihrem Gedächtnis bekommen, und sie dadurch mehr belastet als erleichtert

108 D. Fuckert 2013, S. 218.

sind. Ein anderer Gesichtspunkt ist die Motivation, mit der man so eine Reise unternimmt. Wenn es reine Neugier ist, kann man es ewig betreiben, denn jedes frühere Leben hat ja noch mal ein früheres Leben usw. Und dann bleibt die Frage, was diese Rückführung zur Persönlichkeitsentwicklung dieses Menschen beiträgt. So meint auch R. Woolger: »Das frühere Leben ist vorbei! Wie ich oft in Workshops zu Teilnehmern sage, die sich zu stark in die Gedanken und Leidenschaften ihrer früheren Leben verstricken: Der beste Grund dafür, sich an frühere Leben zu erinnern, ist der, sie zu vergessen.«[109]

»Wozu braucht man sie dann?«, würde ich kritisch bemerken. Wenn es dann einfach nur schick ist, seine früheren Leben zu kennen, ist das m. E. verlorene Zeit. Trotz allem bleiben auch die positiven Erfahrungen stehen: Verschwinden einer Symptomatik, Zusammenhänge aus früheren Zeiten erkennen, Kontakt zu seinen Seelenbegleitern finden durch echte Lichterfahrungen, für die Zukunft klare Sicht für die Weiterentwicklung seiner Persönlichkeit haben.

3.6. Diamond Approach – Essenzarbeit nach A. H. Almaas und Faisal Muqaddam

Diese Essenzarbeit verbindet verschiedene Psychotherapien und Spiritualität. In diese Arbeit fließen viele zusammengewürfelte Elemente aus verschiedenen Psychotherapien (Objektbeziehungstheorie, Bindungstheorie, Körperarbeit, Bioenergetik, Cranio-Sacral-Therapie, Traumaarbeit) und ein stark auf Selbsterforschung angelegtes In-Sich-Hineinschauen und -Spüren ein. Die Theorie dahinter besagt, dass jeder Mensch als Baby noch eine Art Essenz in sich hat und lebt, und dann im Laufe seiner Entwicklung in seinem sozialen Umfeld diesen Zugang zu seiner Essenz verliert und Persönlichkeit wird. Wenn man

109 R. Woolger 2006, S. 101.

durch Selbsterforschung (z. B. warum bin ich wütend, was steckt dahinter, und was steckt hinter dem, was dahintersteht, usw., Zeuge zu werden von dem inneren Vorgang) alle durch Erziehung entwickelten Persönlichkeitsmerkmale durchdringt, kommt man wieder zur Essenz. Faisal sagt in einem Interview 2010: »Je mehr Verständnis in unser Bewusstsein kommt, desto mehr beginnt die Persönlichkeit sich aufzulösen und wir können zu dem ursprünglichen Zustand, der uns verloren ging, zurückgelangen.« Weiter wird ausgeführt, dass die Persönlichkeit nur aus Ego und Ego-Aktivität besteht. Dort, wo Essenz war und jetzt Ego ist, besteht ein energetisches Loch. Diese Löcher bilden die Grundlage der Persönlichkeit. Weiter führt Faisal aus: »Wir erforschen ein bestimmtes Persönlichkeitsthema, und wir schauen uns all die Mechanismen, wie Verteidigung und Widerstand, und all die Versuche, das Loch zu füllen an. Wenn wir mit diesen Mechanismen aufhören, dann öffnet sich das Loch. Wenn sich das Loch öffnet, dann entsteht Raum für essentielle Qualität, die dort begraben war, und sie kann an die Oberfläche kommen.«[110] Diese Arbeit wird »Diamond Logos« genannt. Faisal: »Der Diamond Logos ist eine Lehre, die auf objektive Weise vermittelt wird, nicht nur intuitiv, psychisch oder spirituell, sondern wissenschaftlich.«

Alle Ausführungen von A. H. Almaas klingen genauso theoretisch, abstrakt und etwas unstrukturiert. Es existieren mehrere Bücher darüber und es wird in Insiderkreisen als der Hype gehandelt, sozusagen als die neuen Gurus von heute. In meinem Verständnis ist diese Arbeit keine wirklich psychotherapeutische Arbeit. Es kann jeder, der sich berufen fühlt, eine Ausbildung machen (Almaas war vorher Physiker) und dann diese stark auf Reflektion und Kognition beruhende Arbeit durchführen (ähnlich wie bei dem Familienstellen). Diese Arbeit kann auch bei einigen Menschen zu psychischen Zusammenbrüchen führen, die

110 Transcript des Audio Interviews von Veet Manam mit Faisal Muqaddam 2010 im Internet.

dies dann hinterher als Katharsis erleben und dann von Essenz berichten. Aber begrifflich einzuordnen, was nun diese Essenz wirklich ist, ist nahezu unmöglich. Selbst Ken Wilber widerspricht, dass das Baby in seinem ersten Stadium einen geistig spirituellen Zustand hat, der für den Erwachsenen anstrebenswert ist. »Nur, weil der Säugling den Unterschied zwischen Subjekt und Objekt nicht kennt, glauben diese Theoretiker hier eine Art Unio mystica feststellen zu können. Nichts davon! Der Säugling transzendiert Subjekt und Objekt nicht etwa, sondern kann sie bloß nicht auseinanderhalten.«[111] Außerdem wäre kritisch anzumerken, dass nicht jede Ich-Entwicklung vom wahren Wesenskern wegführt. Offenheit, Hingabefähigkeit, Demut, Bescheidenheit, Liebesfähigkeit usw. sind ausgesprochen gute Ich-Eigenschaften, um eine Transzendenzerfahrung im mystischen Sinne zu machen.

Um nochmals den Zusammenhang zu den Nahtoderfahrungen herauszuarbeiten: Wir können nicht über kognitive Reflektionen, so weise und tief sie auch sein mögen, zum liebenden Ursprung (Gott) vordringen, sondern über tätige Liebe. Nichtsdestotrotz kann die Selbstanalyse über den inneren Zeugen eine Möglichkeit sein, um Distanz von unerwünschten Verhaltenseigenschaften zu bekommen.

3.7. Transpersonale Psychotherapie

Unter dem Begriff »Transpersonale Psychotherapie« ist keine einheitliche Grundkonzeption einer Psychotherapierichtung zu verstehen. Sie geht einheitlich von einem spirituellen Zentrum im Menschen aus, das es zu entdecken gilt und das zur höchsten Form der Selbstverwirklichung erforderlich ist. »Das Endstadium der transpersonalen Psychotherapie bildet ein Zustand, der in verschiedenen Traditionen als Gewissheit, Befreiung, Erleuchtung oder Gnosis bekannt ist. Der Begriff, der dieser Erfahrungsebene am

111 in: E. Zundel & P. Loomans 1994, S. 307.

nächsten kommt, ist ›Selbstverwirklichung‹«.[112] Insofern wird Psychotherapie als ein Prozess des Erwachens verstanden. »Ein transpersonaler Therapeut geht davon aus, dass erweiterte Bewusstseinszustände und Identitätsgefühle möglich sind, die einen grundlegenden Wandel des gesamten Weltbildes mit sich bringen können – je nachdem, inwieweit der Klient bereit ist, von seinen alten Überzeugungen und Identifikationen loszulassen.«[113] Es geht im Wesentlichen um die Transformation vom Ich zum überpersönlichen, göttlichen Selbst.

Vor allem seit dem Erscheinen des Buches *Wendezeit* von Fritjof Capra (1983), in dem der Versuch unternommen wurde, westliche Erkenntnisse über Quantenphysik mit östlichen Erkenntnissen bezüglich mystischer Erfahrungen zu verbinden, sind auch zahlreiche transpersonale Konzepte für die Psychotherapie entstanden. Stanislav Grof mit seiner Technik des »Holotropen Atmens«, die zur Erreichung erweiterter Bewusstseinszustände angewandt wird, ist nur ein Beispiel unter vielen.[114] Doch die meistverwendete Methode in der transpersonalen Psychotherapie ist die der Meditation. Das Erleben von überpersönlichen Bewusstseinszuständen soll helfen, die aus der persönlichen eigenen Lebensgeschichte entstandenen kranken, psychischen Muster zu überwinden. »Und in dieser Verbindung und Berührung des Persönlichen mit dem Überpersönlichen, des Leidvollen mit dem Leidfreien, oder wenn man so will, der Form mit der Leere, des Weltlichen mit dem Spirituellen, besteht meines Erachtens das Wesen der transpersonalen Psychotherapie.«[115] Das Erleben der inneren Leere, die gleichzeitig als vollkommene Fülle gesehen wird, ist das häufig zitierte Ziel in diesen Meditationserfahrungen. Hintergrund dieser Anschauung ist u. a. der ZEN-Buddhismus. Letztendlich ist dieses Ziel aber nie erreichbar, es gibt nur den Weg dorthin, und bestimmte

112 J. Fadiman 1987, S. 194.
113 F. Vaughan 1987, S. 204.
114 S. Grof, 1985.
115 J. Galuska 1999, S. 173.

Entwicklungsstufen auf ebendiesem. »Daher kommt der Mensch, der sich auf den spirituellen Pfad gemacht hat, nie am Ziel an. Das, wofür wir uns am Ausgang der Reise gehalten haben, erweist sich als Produkt der Einbildung, als illusorisches Fragment des Seins, das wir versehentlich für das Selbst gehalten hatten. Dem Selbst als dem absoluten GEIST, der absoluten Subjektivität, die ewig unbedingt und ungebunden ist, lässt sich nichts zuschreiben, da es jenseits der Wahrnehmung liegt. Es hat keine Eigenschaften und erfüllt doch alles mit Leben«.[116]

Das meines Erachtens am besten ausgearbeitete Therapiehandbuch zur Transpersonalen Psychotherapie ist unter dem Titel *Transpersonale Verhaltenstherapie* von Harald Piron (2007) erschienen. Er beschreibt darin die grundlegenden Methoden der Verhaltenstherapie und deren Erweiterung durch einen transpersonalen Ansatz. Im Zentrum seiner Therapie steht der Begriff der Evokation, den er mit »Erwecken« übersetzt. Bisherige Motivationen für psychisch krankmachendes Verhalten werden in der Therapie aufgedeckt und durch transpersonale Motivationen ersetzt (Angst durch Liebe, Zwang durch Kreativität, Kontrolle durch Hingabe usw.). Dazu bedient er sich meditativer Vorstellungsübungen. Anhand etlicher Fallbeispiele wird die transpersonale Verhaltenstherapie bei einigen neurotischen Krankheitsbildern und spirituellen Krisensituationen sehr anschaulich und nachvollziehbar dargestellt. Dabei geht es sowohl um persönliche Reifungsprozesse (Erlernen von Beziehungsfähigkeit, Alltagsstrukturierung u.v.a.m.) als auch um spirituelles Erwachsenwerden, das über Meditationstiefe, Präsenz und Resonanz u. a. erfahren wird.

Meines Erachtens ist die Einbindung der spirituellen Entwicklung in der Transpersonalen Psychotherapie sehr positiv, wenn sie im Sinne eines spirituellen Erwachsenwerdens angewandt wird. Wenn Bewusstseinserweiterung ohne die persönliche Reifeentwicklung geschieht im Sinne

116 F. Vaughan 1990, S. 248.

einer neugierigen Erlebnisschau, können auch neue Illusionen und Identifikationen entstehen, die dem Patienten neue Probleme bereiten. Obwohl die Transpersonale Psychotherapie den Patienten von Glaubenssätzen und Philosophien befreien möchte und dies auch tut, ist sie selbst nach meiner Einschätzung der Philosophie der Leere als höchster Bewusstseinszustand verhaftet. Selbst einem spirituellen Therapeuten wird es in der Therapie nicht gelingen, einen solchen wertfreien Zustand einzunehmen, dazu bräuchte man wohl eine Dauererleuchtung. Auch die Hinführung auf den Zustand der Leere in der Meditation kann (muss nicht) zu einem gefühlskalten Zustand oder sogar insgesamt zu einem gekünstelt distanzierten Lebensstil eines Menschen führen. Ebenso führt die Reinkarnationsfrage immer wieder zu Unklarheiten. Während manche Transpersonale Therapeuten damit als Möglichkeit umgehen, lehnen viele dieses auch ab. Selbst Harald Piron schreibt: »Ich persönlich glaube nicht an die verzögerte Karma-Rückkopplung in ein anderes Leben hinein, sehe aber in der Nicht-Getrenntheit von Subjekt und anderen Subjekten die Wahrheit begründet: Was ich anderen antue, tue ich mir selbst an.«[117] Dass die Nahtoderfahrungen und medialen Durchsagen nicht als transpersonale Realitäten, die es natürlich durchaus zu überprüfen gilt, in das Konzept der Transpersonalen Psychotherapie aufgenommen werden, halte ich für eines der größten Versäumnisse dieser Therapierichtung.

3.8. Zusammenfassung

Ich habe in diesem Kapitel meine persönliche Meinung über die verschiedenen Therapierichtungen wiedergegeben und sie begründet. Ich sehe Vorteile und Nachteile in allen Psychotherapieschulen. Natürlich ist der wesentlichste Aspekt für die Heilung eines Patienten bei allen Therapien zum einen die Motivation und Seelenreife, die ein Patient

117 ebd., S. 303.

mitbringt, und zum anderen die Persönlichkeit und Seelenreife des Therapeuten. Auch da habe ich große Unterschiede erlebt. Wenn ein Therapeut auf eine berechtigte Kritik des Patienten gekränkt reagiert, dann würde ich annehmen, dass er seine eigene Unreife in die Therapie miteinbringt. Wenn ein Therapeut beim Patienten nach Anerkennung oder Bestätigung sucht, dann ist dies ebenso eine Haltung, die den Patienten bei dessen Gesundungsprozess wenig unterstützt. Seelisch gesehen sollte auf alle Fälle ein Therapeut in sich ruhen und diese Ruhe auch ausstrahlen. Er sollte in all den Bereichen ein Vorbild für den Patienten sein, die er ihm vermitteln möchte, sonst wirkt er unglaubwürdig (er redet so, aber handelt anders). Aber in erster Linie sollte er beziehungsfähig sein, Liebe und Verständnis ausstrahlen sowie auch konfrontieren können. Und das Wichtigste: Der Patient sollte das Gefühl haben, dass in der Therapie wirklich an entscheidenden Punkten gearbeitet wird und dass ein Fortschritt erkennbar ist.

Ein Therapeut kann von vielen Therapierichtungen das Beste für sich herausziehen. Von der Tiefenpsychologie die Kenntnis von Übertragung der Beziehungsdynamik; von der Verhaltenstherapie die Module für Entspannung, Konfliktlösungsstrategien und die Technik der kognitiven Umstrukturierung; vom Familienstellen die Systemsicht und die Lösungsaufstellung; von der Psychosynthese die Übungen zur Willensstärke und des inneren Beobachters; von den Reinkarnationstherapien die Erfahrungen des göttlichen Lichts in der Tiefenentspannung und der Zusammenhang jetziger Probleme zu früheren Leben; vom Diamond Approach die Analysemethoden der Selbsterforschung; von der Transpersonalen Psychotherapie die Meditation und Vorstellungsübungen. Aber unter dem Aspekt der Darstellung der geistigen Welt in den ersten beiden Kapiteln fehlt es allen Psychotherapien an folgendem:

- Das Hintergrundwissen, das wir aus den Nahtoderfahrungen und den medialen Durchsagen erhalten haben (außer bei den Reinkarnationstherapien)

- Das Ziel, sich in tätiger und gefühlter Liebe mit dem göttlichen Ursprung zu verbinden
- Das Annehmen der Kindheit als ein gerechter Ausgleich zu den eigenen früheren Leben im Sinne von *Saat und Ernte*

Es ist mir wohl bewusst, dass ich die einzelnen Psychotherapierichtungen nicht umfassend dargestellt habe, sondern nur einzelne Teile daraus betrachten konnte. Und auch meine Beurteilung in Nachteile und Vorteile dieser Therapien ist rein subjektiv. Ich denke, es findet auch je nach festgelegtem Lebensplan jeder Mensch seinen richtigen Therapeuten. Aber vielleicht gehört es auch zum festgelegten Entwicklungsplan der wissenschaftlichen Psychologie, dass als Weiterentwicklung in der Psychotherapie die Kenntnisse aus der geistigen Welt unerlässlich werden, weil sie (die Kenntnisse aus der geistigen Welt) im Bewusstsein einer nicht unerheblichen Zahl von Menschen bereits vorhanden sind und deswegen zu einer Einmündung in psychologische Theorien führen können. Und das Interessanteste dabei ist: Die einfache Bevölkerung ist in diesem Bereich offener und gebildeter als die meisten sogenannten gebildeten Menschen, die mit ihrer Überbetonung des Rationalen dieses Thema eher von sich weisen.

Die wichtigste Frage in der Psychotherapie, die einen Menschen auf seinem Lebensweg begleiten sollte, wäre demzufolge: »Was soll ich aus meinem Leben mit seinen momentanen Bedingungen lernen?« Anhaltspunkte für die Beantwortung dieser Frage wären die beiden polaren Einstellungen Selbstsucht und Liebestätigkeit. Die Beantwortung würde heißen: Ich lerne daraus, meine negativen Charaktereigenschaften zu überwinden und in der Liebe zu wachsen, mich zu üben in Demut und Geduld, Mitgefühl und Hilfsbereitschaft, Toleranz und Klarheit, Durchsetzungskraft und Sanftmut u.v.a.m. Und wie man auf diesem Weg unterstützende Werkzeuge bekommt, möchte ich im nächsten Kapitel vermitteln.

4. Psychotransformation mit Weisheit

Im Folgenden will ich nun beschreiben, wie sich in einem psychotherapeutischen Prozess psychische Veränderung auf dem Weisheitshintergrund vollziehen kann, der in den ersten beiden Kapiteln dieses Buches beschrieben wurde. Es wird logischerweise nicht um das Erreichen der Unio Mystica durch Atem- oder Meditationstechniken gehen, die oft aus selbstsüchtigen Motiven angestrebt wird, – zumindest steht dieses Ziel nicht im Vordergrund, sondern um die Anhebung der Liebestätigkeit und die Überwindung sogenannter negativer Charaktereigenschaften. Es kann durch die fortwährende Hingabe an die Liebe zum Ursprung auch zu solchen mystischen Licht- und Liebeserfahrungen kommen, aber wenn nicht, so wächst im Innern des Menschen trotz allem seine Liebe, sein Vertrauen, seine persönliche Beziehung zum Ursprung, und damit reift er in seiner Seele in die richtige Richtung.

Negativ nenne ich die Eigenschaften, wenn sie aus der Selbstsucht heraus entstehen und nicht aus Liebe. Jeder Mensch hat diese selbstsüchtigen Anteile in sich, sonst wäre er nicht hier auf der Erde, sondern könnte seinen Entwicklungsprozess in den hellen Astralebenen vollenden. Das Leben auf der Erde ist eine Lebensschule, die jeder Mensch mit seinem freien Willen in dem Spannungsfeld zwischen Selbstsucht und umfassender Liebe selbst steuert. Einsicht und Wille sind Voraussetzung für die richtigen Entscheidungen. Egal, welche früheren Leben der Mensch hatte, es geht in der Zukunft nur um die Entwicklung der umfassenden Liebe. Umfassend meint in diesem Zusammenhang eine Liebe zu allem, was ist, auch wenn man anderen gegenüber kritisch ist. So soll doch der Urgrund einer Äußerung immer aus Liebe geschehen. Selbst wenn man sich von jemandem abgrenzt, kann dies auf der Grundlage der Einsicht geschehen, dass alles aus der Urkraft der Liebe geboren ist und alle sich im Grunde nach dem Weg zurück in diese allumfassende Liebe sehnen.

Diese grundlegenden Erkenntnisse aus der geistigen Welt geben dem Patienten schon einen großen Rahmen, in den er sein Leben einordnen kann. Er erkennt nicht nur Reiz-Reaktions-Muster, nicht nur frühkindliche Prägungen oder systemische Familienkonstellationen, sondern sieht sich als geistiges Wesen in einem physischen Körper, in dem es jetzt und heute um Seelenreifungsprozesse geht. Das Ziel ist klar: Überwindung seiner negativen Charaktereigenschaften und Ausbildung einer umfassenden Liebestätigkeit. Dabei ist es gar nicht so wichtig, woher seine negativen Charaktereigenschaften kommen. Da die Ursache in einem früheren Leben liegt, gelten sie aufgrund dieser Auslegung als selbstverschuldet. Also wird der Blick in der Therapie nicht in die Vergangenheit gerichtet, sondern in die Zukunft oder in die Gegenwart. Denn die Ursachenforschung kann ins Unendliche nach rückwärts verfolgt werden, von einem früheren Leben ins andere. Und es ist dabei nicht von großer Bedeutung, alle Ursachen zu kennen. Das Wichtigste ist, an seiner Gesundung zu arbeiten. Und dies wäre durch positive Gedanken und Emotionen eher möglich als durch negative. In der Beziehung zum Therapeuten zeigen sich diese negativen Charaktereigenschaften meist ebenso wie im Alltag. Hier kann man in der Therapie einhaken und Veränderungen anstoßen, indem man in die persönliche Beziehung eintritt und die erlebten Gefühle dem Patienten widerspiegelt. Dies erfolgt in einem emotional bedeutsamen Beziehungsgeschehen und der Patient wird durch die Reife des Therapeuten mit Verständnis getragen und gleichzeitig mit seinen negativen Reaktionen konfrontiert. Verbesserungsvorschläge ergeben sich aus der Situation und werden vom Therapeuten begleitet und bewertet. In diesem Zusammenspiel von Verständnis (im Rahmen einer allumfassenden Liebe) und Konfrontation geschieht die Persönlichkeitsentwicklung des Patienten (und durch eigene Selbstreflexion, auch beim Therapeuten). Dieser Aufbau einer gesunden Ich-Entwicklung ist meist der erste Schritt in der Psychotherapie. Der Patient lernt seine wahren Bedürfnisse kennen und sie in sein Leben zu integrieren; er lernt seine Gefühle adäquat auszudrücken und Probleme lösungsorientiert zu bewältigen. Er lernt, destruktive Impulse (z. B. Gewalt gegen andere) zu unterdrücken, um sie dann konstruktiv auszuleben (z. B. lösungsorientierte Konfliktbewältigung). Im Zusammenleben mit anderen pflegt er eine offene und respektvolle Kommunikation. Zusammengefasst kann man sagen, er lebt glücklich *sein* Leben. Dies alles geschieht auf dem Hintergrund der ersten beiden Kapitel dieses Buches. Und damit ist das Glück definiert über die erreichte Liebestätigkeit und nicht über egoistisches und selbstsüchtiges Verhalten, denn kein einsichtiger Mensch wählt nach dem dargestellten Wissen die dunklen Astralbereiche nach dem Tod freiwillig.

Nicht jeder Patient ist an einer solchen Psychotransformation interessiert, aber viele wollen den Sinn des Lebens verstehen. Um diesen Sinn kurz zu erläutern, reicht es, das erste Kapitel in wenigen Worten zusammenzufassen. So bekommt der Patient einen Rahmen, in dem er sich wiederfinden kann oder nicht. Es gibt genügend Literaturempfehlungen oder YouTube-Interviews (z. B. thanatos.tv), in denen man das eine oder andere nachlesen oder anhören kann. Aber selbst das ist manchen Patienten gar nicht wichtig, weil sie nur kommen, damit ihre Not schnell gelindert wird. Und das ist auch ok. Nicht alle Menschen schlagen in diesem Leben den Weg der allumfassenden Liebe ein. Manche haben so massive Stoffwechselerkrankungen (z. B. Psychosen, schwere Depressionen), die sie nur mit Medikamenten in den Griff bekommen, weil der Psychotherapeut mit seinen Methoden nun mal keinen biochemischen Stoff im Gehirn produzieren kann. Deswegen ist in dem Fall auch die Mitarbeit eines Psychiaters erforderlich. Anderenfalls kann sich die Symptomatik so verschlechtern, dass das Leben dieser Patienten in Gefahr ist. Ebenso häufig hatte ich es bei meinen Patienten mit sehr begrenzten Problemen zu tun, die mit verhaltenstherapeutischen Methoden leicht und schnell zu lösen waren. Oder Menschen kamen mit Beziehungsproblemen zu mir, die nach Aufklärung über das Übertragungsgeschehen und Anleitung zu besseren Kommunikationsstrategien wieder ganz glücklich ihre Beziehung leben konnten. Zusammenfassend kann ich sagen, dass sich jeder Patient so viel aus dem Transformationsangebot herausnimmt, wie es seiner momentanen Entwicklung entspricht.

Es ist klar, dass als erster Schritt in einem psychotherapeutischen Prozess zunächst der Aufbau eines gesunden Ichs vonnöten ist. Viele Menschen bekamen wegen den zu engen Erziehungsbedingungen in ihrer Kindheit keinen Raum, die eigene Persönlichkeit zu entfalten. So achtet der Therapeut am Anfang darauf, dass der Patient lernt, auf seine Wahrnehmung und seine Gefühle zu hören. Gleichzeitig werden durch den Therapeuten diese Bedürfnisse nach Angemessenheit und Notwendigkeit zur Seelenreifung beurteilt. In diesem Sinne findet dann eine gesunde Ich-Entwicklung statt. Der Mensch lernt, seine Gefühle offen auszudrücken, seinen Standpunkt zu vertreten, »Nein« zu sagen, Kritik anzunehmen und auszuteilen, kompromissbereit Probleme zu bewältigen u. v. a. m. Negative Charaktereigenschaften werden analysiert, das Grundbedürfnis dahinter aufgedeckt und dementsprechend werden die negativen Verhaltensmuster in positive verändert. Dies geschieht je nach Entwicklungsstand eines Patienten und je nach Bedürfnis, welches persönliche Ziel angestrebt wird. Gleichzeitig kann auch die Liebe zum göttlichen Ursprung entwickelt werden. Es ist kein Entweder-Oder-Prozess, sondern ein Sowohl-Als-Auch. Erst nachdem der Mensch in dieser Weise sein Leben selbstbestimmt zu leben gelernt hat, kann er sich auf den Weg zur Psychotransformation vom »Ich zum Ursprung« umpositionieren. Erst dann hat er ein stabiles Ich, das transformiert werden kann. All dies geschieht normalerweise in Einzel- oder Gruppensitzungen und kann mithilfe unterschiedlicher Methoden gefördert werden (z. B. Rollenspiel, Psychodrama, Imagination etc.). Das Ziel: Die Liebe zum Ursprung so stark zu empfinden, dass der intensive Wunsch danach besteht, ein Werkzeug für den göttlichen Plan zu werden.

Eine von mir oft angewandte Methode der Selbstveränderung sind Fantasiereisen. In einer entspannten Atmosphäre ist der Mensch inneren Bildern viel zugänglicher als im normalen Alltagsbewusstsein. Therapeutisch eingesetzt wurden sie z. B. von Gerald Epstein (1992), Rüdiger Dahlke (1997), Christopher Klein & Jens Helbig (2017) und vielen anderen. Ein Angebot, das ich jedem Menschen unterbreiten kann, ist, meine zehn *Seelenreifungsreisen* anzuhören und seine Persönlichkeit dabei zu entwickeln.[118] Diese Reisen wirken bei jedem Menschen unterschiedlich, je nachdem, wie weit er sich beim Anhören mit seinem Herzen diesem Geschehen öffnet. Das ist von Charakter zu Charakter und je nach Vorgeschichte sehr verschieden. Durch meine beruhigende Stimme und die Musik, die ich dazu (vom Himmel inspiriert) komponierte, ergeben sich bei den meisten Menschen zumindest tiefe Entspannungszustände. Für die Reisen ist mit Absicht ein kürzerer Zeitrahmen gewählt (zwischen 20 und 25 Minuten), weil diese Zeit aus meiner Erfahrung mit meinen Patienten von den meisten Menschen geradeso täglich geopfert wird, um sich in dieser Art etwas Gutes zu gönnen. Die Themen sind aufeinander aufbauend, aber auch je nach Problemlage und Entwicklungsstand des Menschen in anderer Reihenfolge einsetzbar. Wenn man durch das tägliche Anhören ein Thema bearbeitet und internalisiert hat, braucht man es nicht mehr weiter zu hören. Alle Reisen sind auf dem Hintergrund meines Wissens über die geistige Welt entstanden. Im Folgenden beschreibe ich die zehn Themen und mit welcher Absicht ich sie in den Seelenreifungsprozess eingebaut habe. Die ersten drei dienen der gesunden Ich-Entwicklung, die folgenden der spirituellen Entwicklung.

4.1. Unbeschwertheit wiederfinden

Als erstes möchte ich eine positive Erfahrung aus der Kindheit aktivieren: Unbeschwertheit. Die meisten Menschen beschäftigen sich fortwährend mit Gedanken oder Sorgen

118 QR-Code am Ende des Buches.

oder ernsten Absichten. Dagegen ist nichts einzuwenden, wenn auch die Leichtigkeit und Verspieltheit ihren Platz für die innere Balance bekommen. Aber dagegen wäre sehr wohl etwas einzuwenden, wenn das Denken um die Sorgen und Probleme nichts bringt. Dieses Kreislaufdenken belastet die menschliche Psyche und viele merken es nicht einmal. Dagegen hat die moderne Psychotherapie nun die Achtsamkeit entdeckt. Sie soll dem Menschen lehren, ganz im Hier und Jetzt zu bleiben. Das ist gut, aber in meinen Augen nicht ausreichend. Das Unbeschwerte eines Kindes, das nichts anderes kennt als das Hier und Jetzt, beinhaltet noch dazu eine Spur Leichtigkeit und Lebensfreude. Außerdem ist es bereits im Assoziationscortex gespeichert und muss nicht aufwendig durch Achtsamkeitsübungen erlernt werden. Und es beinhaltet die Offenheit eines Kindes. Und diese Offenheit ist eine Grundlage, um später die Hingabe an die Liebe mit ganzem (Kinder-) Herzen auszuführen.

Die einführende Entspannungsübung dazu bedient sich ebenfalls eines Bildes: Helles Licht einatmen, graues Licht ausatmen. Dann das helle Licht in den ganzen Körper verteilen, bis er ganz licht und leicht geworden ist. Diese Leichtigkeit ist die Vorbereitung für die Reise. Man wird zu einer Höhle gebracht, deren Gang immer tiefer und tiefer in die Höhle hineinführt, um den Bewusstseinszustand zu vertiefen und eine immer hypnoseähnlichere Aufmerksamkeit zu bekommen. Dann kommt man an eine Tür mit sieben Riegeln. Dies deutet an, dass diese Unbeschwertheit tief im Inneren versteckt ist. Nach dem Öffnen der Türe entdeckt man sich als kleines Kind, das neugierig, frei, unbeschwert und offen ist. Man nimmt das Kind an der Hand, führt es aus der Höhle und spielt und tanzt mit ihm so ausgelassen und innig, dass man am Ende mit diesem Kind zu einer Person verschmilzt. Dies soll bewirken, dass man die Leichtigkeit und die Freude eines Kindes in sich wieder spürt und im Innern verankert.

Ziel dieser Reise ist, im Alltag diese Unbeschwertheit und dieses Leben im Moment zu integrieren, damit mehr Lebensfreude und Kraft gespürt wird. Kindliche Offenheit ist nicht nur für Kinder gut, sondern für jedes Alter geeignet. Diese Übung soll auch ein Schritt in Richtung Gedankenkontrolle sein. Wahrnehmen: Was denke ich gerade? Unnötiger Gedanke. Also weg damit und wieder locker und positiv und im Moment sein. Diese Art der Unbeschwertheit kann die Lebensqualität steigern und dabei helfen, die schwere Last des Lebens zu überwinden.

4.2. Reise zum inneren Kind

Da viele Verletzungen aus der Kindheit bis heute in den Menschen weiterwirken und so manche Beziehung dabei stark belasten (Übertragung, Wiederholungszwang), braucht es eine Methode, die diese Erfahrungen mit guten Erlebnissen überschreibt, ähnlich wie die Arbeit nach Albert Pesso mit den idealen Eltern.[119] Er sagt, es sollten die Grundbedürfnisse der Kinder in der Vorstellung von idealen Eltern erfüllt worden sein, damit die kindlichen Sehnsüchte befriedigt sind und der Erwachsene sie damit nicht mehr in der Übertragung bei Partnern und anderen sucht. Dieser Vorstellung bin ich bei der Reise zum inneren Kind gefolgt, aber mit folgendem Hintergrund: Jeder Mensch hat sich seine Eltern und sein ganzes, im Jenseits geplantes Leben aufgrund seiner früheren Leben selbst ausgesucht, und es ist in einem logischen Zusammenhang von *Saat und Ernte* genauestens geplant worden. Das heißt, es gibt keine Ungerechtigkeiten. Es gibt damit auch nichts aus der Kindheitserfahrung aufzuarbeiten, sondern es ist ratsam, es so anzunehmen und die Aufgabe für die eigene Seelenreifung darin zu erkennen. Da aber trotz allem die negativen Erfahrungen mit den Eltern im Gehirn und in der Seele abgespeichert sind und einen im täglichen Leben immer wieder unbewusst einholen, braucht der Mensch eine gesunde Beziehungserfahrung, die er dann in seiner Lebensrealität mit anderen Menschen wiederholen kann. Das heißt, entweder

119 L. Schrenker 2014.

der Erwachsene erfüllt seinem inneren Kind diese berechtigten Grundbedürfnisse und / oder die Eltern werden idealisiert vorgestellt und verhalten sich zu dem inneren Kind so, wie es sich das Kind gewünscht hätte.

Jetzt hörte ich früher oft den Einwand meiner Patienten: »Wie kann ich als Erwachsener dem Kind Liebe geben, wenn ich doch nie Liebe in meinem Leben erfahren habe?« oder »Wie soll ich denn mir meine Eltern liebevoll vorstellen? Sie werden es doch nie schaffen, so zu sein.« Auf beide Einwände bin ich bei meiner Seelenreifungsreise folgendermaßen eingegangen: Bevor der Patient in der Reise seinem inneren Kind begegnet, erfährt er eine mystische Liebeserfahrung, wie es von so vielen Mystikern bereits beschrieben wurde. Mithilfe dieser Liebeserfahrung sollte es ihm – als Erwachsenem – möglich sein, seinem Kind die Liebe zu geben, die es braucht. Und die Problematik, die Eltern als liebevoll zu erleben, löse ich aufgrund von Nahtoderlebnissen so: Die Eltern werden vermutlich nach ihrem Tod auch ihren Lebensfilm sehen und dann spüren, wie ihr Kind sich bei ihnen gefühlt hat. Wenn sie dann erkennen, was sie falsch (für ihren eigenen Seelenentwicklungsprozess) gemacht haben, bereuen sie es und empfangen die Liebe des göttlichen Lichtes im Jenseits und wandeln sich. Dann, wenn der Patient selbst einmal stirbt, wird er den Eltern so begegnen, wie er sie sich jetzt schon während der Reise zum inneren Kind vorstellt.

Ich beginne die Reise wieder mit einer geführten Entspannung durch Autogenes Training und lasse dann den Seelenkörper mit seinem Bewusstsein aus dem physischen Körper aufsteigen, bis er eine göttliche Lichterfahrung erlebt. Nach der Rückverbindung mit dem physischen Leib sieht der Erwachsene, wie er sich selbst im Kindesalter begegnet (das innere Kind) und gibt ihm alles, was es braucht. Er hat nach der Lichterfahrung nun die Liebe erfahren, die er dem inneren Kind geben kann. Danach reist der Erwachsene zusammen mit seinem inneren Kind in einige Kindheitssituationen, die für das Kind verletzend waren. Hier erfolgt jetzt aber keine Retraumatisierung, sondern das

Kind spricht mit dem Bewusstsein des Erwachsenen zu den Eltern, was es benötigt, und die Eltern erfüllen es dann und verhalten sich wie ideale Eltern. Danach spürt das Kind, wie sein Selbstwertgefühl steigt und es sein Leben ganz nach seinen eigenen Vorstellungen meistern kann. Das Kind vergibt seinen Eltern alles (denn das Kind weiß ja nichts von seinen früheren Leben) und versöhnt sich mit ihnen in einer innigen Umarmung. Dann verabschiedet es sich (als Symbol der Abgrenzung und Selbständig-Werdung) und geht seinen ganz eigenen Weg.

Mit dieser Reise soll erreicht werden, dass die »negativen« Kindheitserfahrungen durch positive überschrieben werden und der Mensch sich mit seiner Kindheit nicht mehr beschäftigen muss, weil alles gelöst ist. Ein vergleichbarer Aspekt bezüglich der Heilung durch Liebe ist die Gegenwart eines Schutzengels / geistigen Begleiters, der ebenso wie die idealen Eltern den Menschen liebt, versteht und beschützt. Aber diesen Aspekt nehme ich in der vierten Reise zum Höheren Selbst und dann nochmal klarer in der neunten Reise zum Inneren Heiler auf. Mit dieser zweiten Reise möchte ich die Entwicklung des gesunden Ichs unterstützen. Also kann ein Mensch durch diese Reise in der Vorstellung alles lernen, was er zu seiner gesunden Ichentwicklung braucht: Seine Bedürfnisse wahrzunehmen, zu artikulieren, sie zu verwirklichen und ein Leben in einer konstruktiven Beziehung und ganz selbstbestimmt zu führen. Vielen Menschen reicht dieser Seelenreifungszustand auch schon und sie erstreben gar keine Psychotransformation vom Ich zum eigenen göttlichen Ursprung. Doch manche, die in ihrer Entwicklung weiter voranschreiten wollen, gehen dann die nächsten Stufen weiter.

4.3. Reise zur Urmutter

Dieser Begriff ist entlehnt aus der Archetypenlehre von C. G. Jung (1979). Die Reise zur Urmutter sollte anfangs vor allem den Menschen dienen, die keine gute Muttererfahrung in ihrer Kindheit hatten und demzufolge Probleme mit dem Urvertrauen haben. Durch die Reise zur Urmutter sollten alle Bedürfnisse nach verständnisvoller Liebe erfüllt werden. Auch für die Menschen, die mit der Reise zum inneren Kind nicht die Erfolge erzielen konnten, wie sie es sich vorstellten, sollte diese Urmuttererfahrung ein guter Ersatz sein. Doch im Laufe der Zeit ist mir klargeworden, dass mit dieser Reise auch die erste Tuchfühlung mit der jenseitigen Welt stattfindet. Die Urmutter – in der Reise beschrieben als weibliche Lichtgestalt – repräsentiert die Jenseitserfahrungen, die im Zusammenhang mit bedingungsloser Liebe und vollkommenem Verstandenwerden erlebt worden sind. Weil sie aber hauptsächlich zur Stärkung der Ich-Entwicklung dient, ist sie für mich eine Mischung aus beidem. Die Botschaft »Ich werde bedingungslos geliebt« sollte das Urvertrauen ins eigene Leben und dessen Gelingen nach sich ziehen.

Die Reise beginnt wieder mit einer Entspannungsphase mittels eines Bodyscans und führt die Person mit ihrem Bewusstsein wieder außerhalb des physischen Körpers. Dieser physische Körper verwandelt sich langsam in den kindlichen Körper dieser Person und das Bewusstsein schlüpft dann in diesen Körper hinein und findet sich in ihrem Kinderzimmer wieder. Durch das Anschauen im Spiegel und die vertraute räumliche Umgebung der Kindheit soll die Person wieder in einen geöffneten Aufnahmezustand eines Kindes versetzt werden. Danach geht die Reise durch den Kleiderschrank eine Wendeltreppe hinunter an einen unterirdischen See. Hier wartet ein Boot, mit dem die Person auf eine Insel gebracht wird. Symbolisch gesehen kann der See als Fruchtwasser im Mutterleib und die Insel als Jenseitszustand vor der Zeugung betrachtet werden. Auf der Insel erlebt man dann die Farben, Gärten und Tempel, wie sie oft in Jenseitserfahrungen geschildert werden. Im Tempel wird man wie durch göttliche Führung zu dem Raum gebracht, in dem die Urmutter bereits auf einen wartet. Hier sitzt eine weibliche Lichtgestalt auf einem thronähnlichen Stuhl (der die Wirkkraft und bewusstseinsmäßige

Reife ausdrückt), die Person setzt sich daneben und die Urmutter legt ihre Hand auf das Haupt der Person. In diesem Moment wird die Lichtkraft durch den Körper der Person geleitet und sie erfährt göttliche Liebe und Geborgenheit. All dies sollte bewirken: »Ich werde geliebt, beschützt und begleitet in meinem Leben.«

Das Urvertrauen kann sich in diesem Moment auf die jenseitige Welt beziehen und sie als festen Bestandteil des eigenen Lebens verinnerlichen. Aber all das ist vom Entwicklungsstand des Menschen abhängig. Es gibt auch Patienten, die in der Urmutter die eigene Großmutter sehen, die irdisch eine gute Mutter für die Patienten war und dann als Repräsentation für das Urvertrauen dient. Diese Menschen entwickeln dann kein oder wenig Gefühl für das Jenseits. Ich als Therapeut lenke es nicht, ich stelle nur das Werkzeug (z. B. die Reise) und den Raum (gemeint ist der psychische Raum) zur Persönlichkeitsentwicklung bereit. Das wichtigste ist auch nicht, dass der Patient einen Bezug zum Jenseits bekommt, sondern dass er im Herzen spürbar Liebe erfährt.

4.4. Reise zum Höheren Selbst

Während es bei der Reise zur Urmutter noch mehr um ein Empfangen von Liebe und Geborgenheit geht, beginnt in dieser Reise schon der transformative Prozess vom Ich zum Höheren Selbst. Der Mensch lernt seinen inneren Beobachter kennen. Dazu wird die Desidentifikationsübung nach R. Assagioli angewendet. Man lernt reine Wahrnehmung ohne Gefühl und Gedanken. So »ent-icht« man sich langsam, lernt das Leben ohne Bewertung kennen, wird aufnahmebereiter, lässt sein Denken im Hintergrund. Der Weg dann an dem Bachlauf entlang zur Quelle steht als Symbol für die Quelle des Lebens. Die Begegnung mit dem alten Weisen, ein Begriff aus der Archetypenlehre von C. G. Jung, dient als Symbol für die Kontaktaufnahme mit der Weisheit des Jenseits über eine personale Figur. Der Augenkontakt dient der Fixierung und dem Geöffnetbleiben in der Situation. Der geistige Begleiter (Schutzengel) kennt seinen begleitenden Menschen besser als dieser sich selbst. Er sieht aus dem Jenseits in viel tiefere Bereiche und kennt die Zukunft. Er versucht unentwegt, dem Menschen zu helfen, kann aber erst zu dem Menschen durchdringen, wenn der aus freiem Willen heraus um diese Hilfe bittet. Dieser Moment in der Reise symbolisiert so einen bittenden Schutzengelkontakt über den alten Weisen. Wenn der Kontakt stattfindet und tiefe Erkenntnisse gewonnen werden, dann hat eine Begegnung zwischen dem Menschen und der jenseitigen Person stattgefunden. Diese Erkenntnis werte ich dann nicht als aus dem Unbewussten oder dem Überbewussten kommend. Wobei man unterscheiden muss – je nach Tiefe der Begegnung –, ob es der Fantasie des Menschen entspringt oder wirklich eine Eingabe aus dem Jenseits war.

Nach einer kurzen Entspannungsphase beginnt die Reise mit den Fragen: »Wer bin ich? Was ist mein innerster Kern? Körper? Gefühle? Gedanken?« Nein. Der Satz nach Assagioli lautet: »Ich habe einen Körper, aber ich bin nicht Körper. Ich habe Gefühle, aber ich bin nicht Gefühl. Ich habe Gedanken, aber ich bin nicht Gedanke.« Dann erfolgt die Überleitung zu dem Teil der eigenen Persönlichkeit, der diese Reflektionen gerade anstellt: Dem inneren Beobachter. Durch diesen Kernaspekt der Persönlichkeit sollten jetzt während der Reise die Wahrnehmungen erfolgen – ohne Bewertung, ohne Fühlen, nur Wahrnehmen – am Bachlauf entlang bis zur Quelle. Das Benetzen des Gesichts mit dem Quellwasser und das anschließende Trinken desselben sind ein Symbol für die Lebendigkeit und Reinheit, die man erlebt, wenn man mit der geistigen Quelle verbunden ist. Die Begegnung mit dem alten Weisen, der schon immer an dem Platz war und schon auf einen wartet, nimmt die geistige Erkenntnis auf, dass die geistigen Begleiter schon ewig lange an der Seite des Menschen sind und sehnlichst darauf warten, dass endlich eine erkennende Verbindung stattfindet. Das Gemeinsam-in-die-Landschaft-Schauen dient der Einstimmung, um sich an die starke Präsenz des alten Weisen zu gewöhnen. Der anschließende Augenkontakt betont die Bereitschaft, sich dem Gegenüber ganz zu öffnen. Hier ist nun der entscheidende Moment während der Reise, wie tief die Erfahrung mit dem Gegenüber stattfindet. Dabei spielen die Tiefe der Entspannung, die Fähigkeit des Herzöffnens, die Seelenreife des Menschen, der momentane Stimmungszustand u.v.a.m. eine große Rolle. Aber wie gesagt, die Reisen erlauben jedem, das Nützliche herauszuholen, was für ihn gerade in dem Moment möglich und wichtig ist. Diese Reise sollte längere Zeit geübt werden, um diese Tiefe zu erreichen. So könnte man einen großen Schritt in der Reifeentwicklung vorankommen.

4.5. Perlenkette

In dieser Reise kommt man zu einem vollkommenen Annehmen seines jetzigen Lebens durch das Erkennen, dass dieses Leben aufgrund der früheren Leben so sein musste. Keine einzige Situation, keine Krise, kein Vater, keine Mutter, kein Mobbing, nichts war zufällig, sondern alles geplant in absolut vollkommener Gerechtigkeit nach dem Prinzip von *Saat und Ernte*. Der Sinn an diesem Leben ist, aus jeder Situation das Beste zu lernen. Dabei geht es immer um die Frage: Handle ich aus Selbstsucht oder aus Liebe? Dies bezieht sich auf das zweite Kapitel, in dem beschrieben wurde, dass die Trennung vom Ursprung, von der Einheit durch Selbstsucht geschah. Folglich kann nur in der Überwindung dieser Selbstsucht die Rückkehr zur Einheit möglich sein. Auch das Hadern mit dem eigenen Leben kann als selbstsüchtiges Denken verstanden werden (z. B. ich hätte mir ein besseres Leben gewünscht). Durch das vollständige Annehmen seines eigenen Lebens in Dankbarkeit stellt man seine eigenen Wünsche hintan und akzeptiert das geistige Gesetz von *Saat und Ernte*. Das wäre schon ein Schritt in die richtige Richtung. Man kann hier eine Parallele herstellen zu dem buddhistischen Ziel, das Anhaften des Ichs zu überwinden, um das Leid zu überwinden. Das Gute daran ist – abgeleitet aus den Jenseitserfahrungen, und über den Buddhismus hinausgehend –, dass wir auf diesem Weg einen guten Begleiter haben, unsere Schutzengel oder auch Jesus oder andere geistige Wesen. An sie können wir uns wenden. Und schon allein diese Gewissheit gibt uns ein anderes Lebensgefühl, eine Sicherheit, ein Vertrauen, eine Kraft, die dann in unserer Ausstrahlung einen Niederschlag findet. Unser Leben findet dann viel leichter im ewig andauernden Hier und Jetzt statt, weil wir das Vertrauen im Rücken haben, dass der Plan, nach dem unser Leben abläuft, schon das Richtige für uns bringen wird.

Die Reise beginnt mit einer Entspannungsphase, in der die Aufmerksamkeit auf den Moment gelegt wird. Dann spult sich der eigene Lebensfilm rückwärts ab und man landet mit seinem Bewusstsein vor der Zeugung des physischen Körpers. Im Beisein einer Lichtgestalt sieht man in das jetzige Leben hinein und erkennt die Verkettung aller Lebensereignisse und die eigene Reifung durch diese Ereignisse. Diese Ereignisse werden symbolisch als Perlen, aneinandergereiht auf einer Perlenkette, gesehen. In dieser Reihenfolge erkennt man den Sinn dieser Ereignisse und akzeptiert somit alle, egal ob gut oder schlecht. Dann erfolgt ein Blick zurück und man sieht, dass die Perlen in die andere Richtung, das heißt in die Vergangenheit hinein, genauso weiterlaufen. Damit meine ich symbolisch, dass alle Ereignisse vor meiner Zeugung einen genau gleichen Sinnzusammenhang ergeben wie die Ereignisse nach meiner Zeugung. Das ist so, als ob man das Gesetz *Saat und Ernte* leibhaftig erlebt. Mit dieser Erkenntnis springt man wie von einer Klippe wieder in das Erdenleben hinein und erlebt jetzt das Leben mit all seinen Ereignissen als sinnhaft. Man sieht jetzt, dass hinter jedem Lebensereignis eine Aufgabe steht, bei der man sich entweder für Selbstsucht oder für Liebe oder etwas dazwischen entscheiden kann.

Und mit dieser Entscheidung sät man schon wieder eine neue Saat, die zwangsläufig wieder eine dementsprechende Ernte hervorbringen wird.

4.6. Licht nach dem Übergang

Während die letzte Reise in die Vergangenheit ging, befinden wir uns auf dieser Reise in der Zukunft, nämlich nach unserem Übergang vom Erdenleben ins Jenseits. Da die Lichterfahrungen (z. B. bei Nahtoderlebnissen) das Leben der Menschen danach meist in Richtung erweitertes Bewusstsein stark verändert, Angstfreiheit vor dem Tod, mehr Gläubigkeit,[120] wäre es möglicherweise auch im Seelenreifungsprozess eines Menschen ein wichtiger Schritt, diese Erfahrung wenigstens ansatzweise zu machen. Deswegen wird in dieser Reise der Ablauf eines normalen Todes durchlebt: Das Schwächer-Werden des Körpers, der Abschied, das Abgeholt-Werden durch Verstorbene oder Engel, ein Tunnelerlebnis, das Wiedersehen mit Verstorbenen, die Begegnung mit dem Schutzengel, der Lebensrückblick, die Erkenntnis von eigenen positiven und negativen Verhaltensweisen und dann wieder die Rückkehr. Dieser Verlauf kann verschiedenes bewirken: Es kann einen tiefen Eindruck von Ewigkeit hinterlassen, es kann die Angst vor dem Tod mildern, es kann eine Beziehung zum Schutzengel aufgebaut werden, es kann einem im Lebensrückblick klarwerden, was man dringend noch an seinem Verhalten verändern sollte. Eine wünschenswerte Entwicklung wäre, dass der Mensch bewusster darauf achtet, wie er im Alltag mit sich und anderen umgeht.

Nach einer kurzen Entspannungsphase wird der Moment als zeitlose Ewigkeit erlebt. Das Hier und Jetzt im Leben ist die einzige Zeit, die existiert. Und in diesem Moment, der nie endet, geschieht Veränderung (z. B. älter wer-

120 P. Satori/K. Walsh 2018, G. F. Rubisch 2013, Ditta op den Dries 2013.

den). Die Zeiteinteilung durch jahreszeitliche Rhythmen in eine Maßeinheit unterteilt (Jahr, Monat, Tag, Minute, Sekunde), dient nur der besseren Beschreibung dieser Veränderung. Aus diesem Moment blickt die Person in den Veränderungszustand des Körpers kurz vor dem Tod (also in die Zukunft). Alle wichtigen Menschen sind gekommen, um die Person bei dem Übergang in die geistige Welt zu begleiten. Es geschieht eine würdige Verabschiedung. Dies alles dient der Herzöffnung in diesem Moment, der als sehr berührend erlebt wird. Dann sieht die Person Lichtwesen, die gekommen sind, um sie ins Jenseits zu begleiten. Nach dem Flug durch den Tunnel findet im Licht eine Begrüßung durch bereits bekannte verstorbene Personen statt und die allumfassende Liebe wird erlebt, das Gefühl von wahrer Heimat. Im Beisein einer Lichtgestalt findet eine Lebensrückschau statt. Hierbei erlebt die Person einzelne Lebenssituationen, in denen sie andere beglückt oder enttäuscht hat. Bei den enttäuschenden Situationen bereut die Person ihr Verhalten und erkennt, wie sie es hätte besser machen können. Keine Strafe, nur Erkenntnis, Reue und der Wille, es in Zukunft besser zu machen. Dann erfolgt die Rückkehr in den Körper mit dem Gefühl von Liebe und Frieden und dem Wunsch, ab jetzt mehr auf die liebenden Einstellungen zu achten.

4.7. Hingabe an die Liebe

Auch Liebe will gelernt sein. Im Alltag fällt man oft in seine Automatismen zurück. Wenn man nicht täglich in eine allumfassende Liebeserfahrung taucht, wird diese allumfassende Liebe nicht in Fleisch und Blut übergehen. Dazu sagt eine bekannte Meditationslehrerin: »Wenn wir immer und immer wieder unseren Geist zum Guten wenden, wird uns das zur zweiten Natur. Auch bei der Liebende-Güte-Meditation müssen wir loslassen, nämlich von den Vorstellungen, die wir von Menschen haben, ob sie uns liebens-wert erscheinen oder nicht. Sonst kann unsere Zuwendung nicht wirklich von Herzen kommen.«[121] Teile aus der Liebende-Güte-Meditation sind übernommen, gerade das Anwachsen des Liebesgefühls für die ganze Erde. Anschließend werden Jenseitserfahrungen aus den oberen Lichtebenen angefügt, bis man vor dem Ursprung der Liebe angekommen ist – dem allumfassenden Schöpfer in Lichtgestalt. Hingabe an die Liebe, die nur durch die Liebe des Ursprungs, des Schöpfers entsteht, soll durch Gesang des Engelchors in diesem Moment das Herz öffnen wie bei einem Kind. Rein und einfach, ohne Denken und in Beziehung zu einer göttlichen Person, auch wenn sie keine klaren Umrisse hat.

Die Reise beginnt mit einer kurzen Entspannung, helles Licht einatmen, graues Licht ausatmen. Dann stellt man sich eine reale Liebeserfahrung vor, in der man Liebe erlebt hat. Dieses Gefühl holt man aus der Erinnerung ins Bewusstsein und lässt es anwachsen wie in Grimms Märchen *Der süße Brei.* Dieses Liebesgefühl bezieht erst die nähere Umgebung, dann das ganze Land und am Schluss den ganzen Erdball und alle Menschen mit ein. Der Ruf eines Engels holt einen dann in die höchste Lichtebene des Jenseits, in der herrliche Gebäude aus Licht, Straßen aus funkelnden Edelsteinen, ein riesengroßer Saal und unendlich viele singende Seelen zu sehen und hören sind. In der Mitte sitzt auf einem thronartigen Gebilde die Urkraft, der Schöpfer. Von ihm geht all die Liebe aus, die alle anwesenden Seelen ihm entgegenbringen und sich so mit ihm vereint fühlen. Am Ende hört man, wie der eigene Name gerufen wird, und kehrt wieder in den Körper zurück und verankert diese Liebeserfahrung im Körper.

4.8. Reinigung des Körpers, der Gefühle und Gedanken

Damit dieser Liebeszustand nicht nur ein einmaliges Erlebnis bleibt, sollte täglich die Aufmerksamkeit auf die Gedanken und Gefühle gelenkt und diese dementsprechend

121 A. Khema 1994, S. 48.

– wenn nötig – verändert werden. Nur so wird garantiert, dass der Reifeprozess immer weiter voranschreitet. Viele ruhen sich auf einem beeindruckenden spirituellen Erlebnis aus und versuchen, dieses nochmal zu erleben. Sie vergessen aber dabei, die Aufmerksamkeit auch auf die im Alltag auftretenden Gedanken und Gefühle zu lenken und sich bewusst zu machen, aus welchen Motivationen diese Gedanken oder Gefühle aus dem Innern hervorgebracht werden. Hier gilt es, wachsam zu sein und eine liebende Motivation in die Vorgänge zu leiten, um eine dauerhafte Psychotransformation zu erreichen. Dafür ist diese Reise gemacht. Der Reinigungsvorgang findet in einem Tempel in der jenseitigen Welt statt.[122] Der Körper wird durch Quellwasser gereinigt, die Gefühle durch ein Feuer und die Gedanken durch einen Lichtstrahl, der eher das luftige Element repräsentiert. Die Reinigung des Körpers kann zum einen bewirken, dass die Selbstheilungskräfte über die Vorstellungskraft aktiviert werden, um den Körper wieder in einen stabilen Zustand zu bringen, zum anderen kann es die Achtsamkeit verstärken im eigenen Umgang mit dem Körper, was Ernährung oder Bewegung anbelangt. Das Verbrennen von belastenden Gefühlen wie Hass, Zorn, Angst oder anderes bietet dem Unbewussten des Menschen die Möglichkeit, sich leichter dieser manchmal festgefahrenen Gefühle zu entledigen durch ein so starkes Element wie Feuer. »Loslassen, nicht anhaften« lautet die Devise. Meist sind diese Gefühle vollkommen nutzlos und erwirken nichts Gutes im Leben, sondern belasten eher das seelische Gleichgewicht. Außerdem vergisst man oft dabei, dass alles im eigenen Lebensplan eine Berechtigung hat. Vielleicht ist der Ärger, den mir ein Mensch bereitet, nur eine Art Wiedergutmachung aufgrund meines Fehlverhaltens in früheren Leben. Und wenn ich jetzt wieder mit Hass und Zorn reagiere, säe ich wieder die falsche Saat aus. Falsch nur in dem Sinne, dass ich dieses Problem in mir dadurch nicht durch Liebe transformiere, sondern in einen weiteren

122 Einige Anregungen sind nach Rüdiger Dahlke 1997, S. 212 ff.

karmischen Teufelskreis trete. Genau gleich verhält es sich mit negativen Gedanken und Bewertungen, die zu einer Dauerbelastung der eigenen Psyche führen können. Deswegen kann man sie während der Reise durch einen starken Lichtstrahl und einen umgebenden Kreis von Lichtgestalten, die beide die göttliche transformierende Kraft der Liebe darstellen, dem Licht übergeben. Denn wenn ich das Ich festhalte (z. B. in Form negativer Gefühle und Gedanken), kann ich mich kaum in der Einheit wiederfinden, denn das ist ja gerade das Trennende. Natürlich heißt das auf Alltagssituationen heruntergebrochen nicht, dass man nur liebevoll reagieren muss. Man kann auch kritisch reagieren, doch sollte diese Reaktion nicht aufgrund von persönlicher Verbitterung oder Besserwisserei geschehen, sondern aus Liebe; Liebe zum Ursprung, zur Schöpfung, zu jedem Lebewesen usw. Insofern appelliert diese Reise an einen täglichen Gebrauch unserer Achtsamkeit bezüglich unserer Reaktionen.

Die Reise beginnt mit einer Entspannungsphase mit Aufmerksamkeit auf den Körper und dann auf die innere Ruhe. Als Zeichen eines Boten aus dem Himmel kommt ein Schmetterling geflogen und setzt sich voller Vertrauen auf den Bauch. Dieser Schmetterling fordert den Menschen auf, ihm zu folgen. Er bringt den Zuhörer in einen lichten Wald auf eine Lichtung, in deren Mitte ein großer, erhabener, uralter Baum steht. Hinter dem Baum befindet sich in der Erde ein Gang, an dessen Ende weißes Licht erstrahlt. Der Baum symbolisiert so etwas wie den Eingang zur Weisheit und das Licht am Ende des Tunnels, den Eintritt in die jenseitige Welt. Wieder entdeckt man dort wunderbare Farben, wunderschöne Gärten und einen herrlichen Tempel. Geführt wird man von einem Engel. Man betritt den Tempel und über der ersten Tür steht »Reinigung des Körpers«: In dem Raum sieht man einen Wasserfall, unter den man sich entkleidet stellt und dann das Wasser trinkt. Dabei geschieht sowohl eine äußerliche wie auch eine innerliche Reinigung des Körpers. Über der zweiten Tür steht: »Reinigung der Gefühle«.

Man betritt den Raum, sieht in der Mitte eine große Feuerschale, in der Feuer brennt, und übergibt dem Feuer alle negativen Gefühle. Über der dritten Tür steht: »Reinigung der Gedanken«: In der Mitte dieses Raumes kommt von weit oben ein ganz heller Lichtstrahl, ca. einen Meter im Durchmesser. Im Kreis um diesen Lichtstrahl sitzen wie bei einer Ratsversammlung viele lichtdurchflutete Wesen. Die Stimmung ist erhaben und heilig. Man stellt sich direkt unter den Lichtstrahl und übergibt alle negativen Gedanken und Einstellungen, überhaupt alles was man bisher gedacht hat, diesem Licht. Vielleicht begreift man in dem Moment, dass alles, was man bisher gedacht hat, nicht der komplexen Wirklichkeit entspricht, die man hier vorfindet oder gezeigt bekommt. Am Ende bleibt nur die Liebe in Erinnerung, mit der man ganz befreit und leicht wieder die Rückkehr in den physischen Körper antritt.

4.9. Reise zum Inneren Heiler

Über Heilungen nach einer Lichterfahrung im Jenseits ist schon viel geschrieben worden. Diese Erfahrung von grenzenloser Liebe und Geliebt-Werden ist wohl das bedeutendste, das einem im Leben passieren kann. Anita Moorjani ist eine von vielen Menschen, die wie durch ein Wunder von einer schweren Krankheit (Krebs) nach einer Nahtoderfahrung geheilt wurde. Als sie sich entschloss, in ihren schwer kranken Körper zurückzukehren, hatte sie im Jenseits folgende Erkenntnis: »Ich begriff, dass ich bloß dadurch, dass ich die Liebe war, die ich wirklich bin, mich selbst und andere heilen würde. Das war eine vollkommen neue Erkenntnis für mich, und doch schien es so offensichtlich zu sein. Wenn wir alle eins sind, nämlich Facetten desselben Ganzen, welche bedingungslose Liebe ist – natürlich sind wir dann in unserem essentiellen Wesen Liebe! Ich wusste, dass der einzige Lebenssinn und Lebenszweck war: dass wir unser Selbst sind, dass wir unsere Wahrheit leben und die Liebe sind, die wir natürlicherweise sind. [...] Somit sind das Sein in der Liebe und unser wahres Selbst-Sein ein und dasselbe!«[123]

In einer anderen Weise, nämlich durch eine Jesus-Erfahrung, erfuhr Mary C. Neal diese göttliche Liebe durch seine »grenzenlose Liebenswürdigkeit und unendliches Mitgefühl.«[124] In einer Nahtoderfahrung sind wir in einem Bewusstseinszustand, der es einem Menschen leicht ermöglicht, in diese bedingungslose Liebe einzutauchen, man kann gar nicht anders. Bei der Reise zum Inneren Heiler erfordert es vom Zuhörer nichts weniger als grenzenloses Vertrauen und grenzenlose Hingabe. Das geht oft nur in einem Reifestadium, das dieses auch zulässt. Damit man sich das leichter vorstellen kann, geschieht diese Reise durch die Begleitung des Schutzengels, der einen in die höheren Lichtebenen der geistigen Welt bringt. Die Erfahrung von grenzenloser Liebe geschieht in einem Tempel in Anwesenheit einer ganz hell leuchtenden Lichtgestalt mit barmherzigen Augen und einer Ausstrahlung von bedingungsloser Liebe. Wen der Mensch sich dabei vorstellt, überlasse ich ganz dem individuellen Hintergrund jedes Einzelnen. Diese Vereinigung mit dem Licht ist wie ein Nach-Hause-Kommen. Die Heilung erfolgt, indem man auf einem Altar liegt und diese Lichtgestalt mit ihren Händen das Heilende Licht auf den Körper überträgt. Die Vorstellung des Vor-dem-Heiler-Liegens unterstützt die Hingabe und das demütige Bereitsein für Heilung. Wenn hierbei eine starke Liebeseinwirkung im Inneren stattfindet, so ist es ein Gnadenakt. Man selbst kann dafür nur die nötigen Vorbereitungen treffen: Herzöffnung und Demut.

Die Entspannungsphase beginnt in dieser Reise mit Komponenten aus dem Autogenen Training. Dann wird wieder eine Trennung von physischem Körper (schwer) und Bewusstsein (leicht) durch den Blick in das unendliche Blau

123 A. Moorjani 2015, S. 110.
124 M. C. Neal 2018, S. 62.

des Himmels eingeleitet. Ein strahlender heller Punkt am Himmel kündigt eine Engelserscheinung an, erst nur als Lichtpunkt am Himmel, dann als Lichtstrahl und dann – wie aus dem Nebel gebildet – eine Engelsgestalt. Nachdem der Reisende das Licht des Engels ganz in seinem Körper aufgenommen hat, wird er reisefähig für die höchsten Lichtebenen. Durch ein Himmelstor gelangt er in einen Garten zu einem Tempel, wo er bereits von einer ganz hell strahlenden Lichtgestalt erwartet wird. Der Blick in diese warmherzigen Augen öffnet einem das Herz für diese Liebesempfindung. Dann legt man sich auf einen Altar und die Lichtgestalt hält ihre Hände über den Körper des Reisenden. Die Vorstellung dieser Licht- und Liebeseinwirkung wird verbunden mit der Vorstellung des vollkommenen Heilwerdens von Körper und Seele. Die Empfindung steigert sich in einer Einheitserfahrung mit dem Licht und der Erkenntnis der eigenen wahren Essenz in diesem Licht.

4.10. Achtsamkeit und Erleben des Heiligen Moments

Wiederum gilt es diese Einheitserfahrung in den alltäglichen Prozess zu integrieren, damit das ganze Leben in dieser Liebe und in diesem Glück vollzogen werden kann, damit der Seelenreifungsprozess im täglichen Denken, Fühlen und Handeln sichtbar wird. Dafür können wir versuchen, in jedem Moment tiefer zu sehen, als unsere Augen uns sehen lassen, tiefer in das hineinzuhören, als unsere Ohren uns im ersten Moment wiedergeben. Hinter allem etwas Heiliges erspüren, weil alles aus etwas Heiligem gemacht ist: aus Licht und Liebe. Das kann am ehesten mit einem offenen Herzen geschehen, wie beim *Kleinen Prinzen* von St. Exupery. »Um dem Lebenssinn der steten Entwicklung hin zum Licht und zur verständnisvollen und absoluten Liebe näher zu kommen, bedarf es einer großen Liebesfähigkeit und konsequenter Herzensoffenheit, sich selbst und den Mitmenschen gegenüber.«[125] Und ich würde noch ergänzen: »und unserer Schöpfung gegenüber.« Deswegen ist die Reise »Achtsamkeit und Erleben des Heiligen Moments« so angelegt, dass während der Konzentration auf den Moment das geistige Wesen in allem geschaut und gefühlt wird. Dass hinter jedem Baum, hinter jedem Vogel, bei jeder Begegnung die heilige Schwingung von Liebe gespürt wird. Dann wird der Moment zur Andacht. Diese Form der Achtsamkeit mit Liebe kommt m. E. dem Ziel der Psychotransformation vom Ich zum Ursprung einen großen Schritt näher. Dies wäre dann der letzte Übungsteil der zehn Seelenreifungsreisen, die ich als Brücke und zur Erleichterung für diesen Selbstveränderungs-Prozess aufgenommen habe.

Die Reise beginnt mit einer Entspannungsphase. In der Vorstellung sammelt man beim Einatmen das helle Licht vom Steißbein bis zum Scheitelpunkt am Kopf und lässt es dort. Von diesem Sammelpunkt umhüllt man nach der Bündelung den eigenen Körper mit diesem Licht. Dies soll der inneren Sammlung und der Verbindung mit dem inneren Seelenkern dienen. Im Anschluss stellt man sich z. B. einen Baum so lange vor, bis man einen hellen Lichtkranz um diesen Baum sieht. Dies geschieht auch, wenn man in Wirklichkeit einen Gegenstand lange betrachtet. Dann verweilt man bei etwas Gehörtem, z. B. Vogelgezwitscher oder der Musik, bis man eine tiefe innere Verbundenheit spürt. Und als letzte Übung stellt man sich vor, wie man einen Baum umarmt und alles fühlt, von dem Verwurzelt-Sein bis zur Streckung aller Äste nach dem Licht, quasi als Symbol für die Verwurzelung des Menschen hier auf der Erde und der Sehnsucht nach der Licht-Heimat. Im Erleben dieser vollkommenen Präsenz im Hier und Jetzt, im Erleben tiefster liebender Verbundenheit mit allem hat das Suchen dann sein Ziel gefunden.

125 J. Haas 2012, S. 31.

4.11. Zusammenfassung

Der Anspruch an dieses Buch war, eine Psychotherapie zu skizzieren, die aus einem Weisheitshintergrund abgeleitet ist. »Weisheit« habe ich hier speziell definiert als Kenntnis über die geistige Welt, ihre Regeln und ihre Zusammenhänge. Die besten Quellenangaben über dieses Thema fand ich in Nahtoderfahrungen, Nachtodkontakten, medialen Durchsagen und Botschaften aus den höchsten Lichtebenen. Philosophische oder religiöse Theorien wurden hier nicht verwendet.

Die wichtigsten Erkenntnisse daraus waren:

- Im Jenseits existieren dunkle, düstere und helle, Liebe ausstrahlende Bereiche
- Der Mensch entscheidet durch sein Verhalten (Selbstsucht, Liebe), welche Ebene er nach seinem Tod anzieht (Gleiches zieht Gleiches an)
- Selbstsucht war der Urgrund, warum die Trennung von den Lichtebenen stattgefunden hat, lange bevor die Materie (Urknall) dadurch entstanden ist
- Es gibt einen Ursprung des Daseins, der sich als Licht, Liebe und Kraft erfahren lässt
- Der Ursprung ist Ursache von allem und alles trägt diesen Urlebensfunken des Ursprungs in sich
- Dieser Ursprung kann sowohl überall sein als auch sich personell in einer Form zentrieren
- Jeder Mensch sehnt sich nach diesem Ursprung zurück und findet erst darin seinen inneren Frieden
- Der Rückweg zu diesem Ursprung geht nur durch Transformation der eigenen Selbstsucht durch Liebe
- Nach dem Gesetz von Saat und Ernte (Karma) wird jedes Erdenleben nach den eigenen früheren Leben durchgeplant – die Reaktionen des Menschen darauf sind frei und bilden wieder eine neue Saat
- Eltern, astrologischer Geburtszeitpunkt, genetische Ausstattung, Schicksalsschläge, Berufswahl, geographi-

scher Wohnort etc. sind alles Folgen des eigenen Vorlebens und sind in gerechter Weise eine Art Wiedergutmachung für Entscheidungen in früheren Leben und darin ist eine Lebensaufgabe enthalten: In der Persönlichkeitsentwicklung zum göttlichen Kern hin zu reifen. Jede Seele stimmt diesem Plan vor der Geburt des physischen Körpers zu.

Daraus ergeben sich für die Psychotherapie oder insgesamt für die Entwicklung jedes Menschen ein paar zentrale Fragen:

- Was ist die Aufgabe, die ich aus den verschiedenen Lebenssituationen zu lernen habe?
- Wie kann ich meine aus der Vergangenheit mitgebrachten negativen (selbstsüchtigen) Charaktereigenschaften durch Liebestätigkeit verändern?

Es kämen nun einige Antworten in Frage: Wenn mein Leben durch ein höheres geistiges Gesetz in Weisheit und Gerechtigkeit geplant ist, dann wäre ein logischer Schritt, dieses Leben – so, wie es mir gegeben wurde – erstmal zu akzeptieren. Wenn ich es aber als ungerecht empfinde und persönlich verletzt bin, kann ich aus Einsicht in die eben dargestellten Zusammenhänge den Menschen, die mich verletzt haben, vergeben. Darüber hinaus kann ich je nach Situation diesen negativen Menschen meiden, anzeigen oder zurechtweisen, aber immer in der Motivation der Liebe.

Den meisten Menschen, die eine Psychotherapie brauchen, fehlt es an in der Kindheit erfahrener Liebe, Halt, Raum zur Entfaltung der eigenen Persönlichkeit usw. In dieser Frustration bleiben viele Menschen jahrelang stecken und kommen in ihrer Gefühlswelt und ihren Beziehungen nicht weiter. Oftmals werden die Eltern oder andere Personen angeklagt. Ihnen wird die Schuld an der eigenen Misere gegeben. Dies ist aus den vorangegangenen Erläuterungen, dass der Mensch sich aufgrund seiner früheren Leben das jetzige Leben vollkommen durchplant, eigentlich nicht mehr zulässig. Man kann traurig darüber sein, wütend, ängstlich, doch ist die Schuldzuschreibung im logischen Sinne falsch. Statt sich lange über sein Schicksal zu beklagen, empfehle ich eine radikale Annahme des Schicksals. Denn auch das Annehmen des eigenen Lebens mit all seinen Umständen ist schon ein Seelenreifungsschritt.

Annehmen bedeutet: Es gibt keine Ungerechtigkeit in meinem Leben, sondern nur Aufgaben, an denen ich wachsen kann. Um die Defizite aufzuarbeiten, bietet sich die Arbeit mit den idealen Eltern an. Hierbei können in Vorstellungsübungen oder Rollenspielen heilende Erfahrungen gesammelt werden, die dem Patienten ein neues Verhaltensrepertoire zur Verfügung stellen. In Anlehnung an die heilenden Erfahrungen aus dem klinischen Tod mit hellen Lichtgestalten und ihrer unendlichen Liebe und Verständnis für jeden Menschen bildet die Arbeit mit idealen Eltern ein Pendant – wenn auch nicht ganz so intensiv – aus der hiesigen Welt. Auch wenn der Patient immer wieder rückfällig wird, soll er mit Verständnis angenommen werden, aber auch dazu ermuntert, beim nächsten Mal die Verhaltenskorrekturen durchzuführen. Lob und Kritik durch den Therapeuten sind die Wegbegleiter einer Persönlichkeitsentwicklung, doch sollte die Kritik in einem verständnisvollen und liebenden Umfeld geschehen. Dem Patienten in der Psychotherapie für seine Persönlichkeitsentwicklung Raum zu geben bedeutet nicht, jede egoistische Neigung ungeprüft ausleben zu lassen, sondern die aufkommenden Wünsche auf ihre dahinterliegende Motivation zu überprüfen, damit der Patient sich dann für die wahren Grundbedürfnisse entscheiden kann. Die Reibung, die dabei in der Auseinandersetzung mit dem Therapeuten entsteht, ist genau die Schnittstelle, an der sich der Patient in seiner Persönlichkeit entwickelt.

Liebe, wenn man in der Kindheit keine kennengelernt hat, kann man auf unterschiedliche Arten im Nachhinein erfahren. Man kann Menschen oder andere Lebewesen (z. B. Tiere) finden, die lieben können, und mit ihnen eine Beziehung eingehen und es von ihnen lernen. Es geht aber auch um die Beziehung zur geistigen Welt (Schutzengel, Jesus, Gott etc.). Wir wissen aus verschiedenen Forschungsbereichen (Hypnose, Heilungsgebete, Meditation etc.), dass jeder Mensch, wenn er sich – kraft seines Willens – ganz konzentriert, hingegeben und sich über längere Zeit etwas vorstellt, dieses auch im Inneren erlebt und dieses Erlebte einen physiologischen Niederschlag im Gehirn erfährt. Dazu braucht der Mensch aber einen Glauben (an die geistige Welt und ihre Repräsentanten) und die Disziplin, sich täglich oder nahezu täglich die Zeit zu nehmen, zu seiner Gottheit eine persönliche Liebesbeziehung herzustellen. Das heißt, der erste Schritt in eine Liebeserfahrung mit Gott zu treten, geht immer vom Menschen aus. Am leichtesten öffnet man sein Herz, wenn man sich vorstellt, dass man ein Kind ist und jemanden, den man unglaublich verehrt, liebt. Alle Ausführungen über das Jenseits geben so viel Zeugnis darüber ab, dass diese liebenden, göttlichen Lichtwesen jederzeit bereit sind, diesen Liebesimpuls zu erwidern, sodass es ganz in der Hand jedes Menschen liegt, diese Liebe zu diesen Wesen zu entwickeln. Und oft steht einem mit der Begründung »Das schaffe ich auch selbst« der eigene Stolz im Weg, der einen hindert, diesen notwendigen Seelenreifungsschritt zu gehen und sich ganz in die Hände des göttlichen Begleiters zu übergeben. Das in diesem Moment einzusehen und zu überwinden, wäre dann vielleicht die eigentliche Aufgabe im Reifungsprozess.

Die Überwindung der negativen Charaktereigenschaften ist meist der schwierigste Teil der Transformation. Meist sieht man die eigenen negativen Anteile gar nicht, sondern erfährt sie durch andere, z. B. durch Kritik. Und wer lässt sich schon gerne kritisieren? Die einen schlagen gleich zurück mit Gegenangriff oder Rechtfertigung, die anderen verfallen in Traurigkeit und Depression. Kritik annehmen zu lernen ist in dem Zusammenhang die einzige Lösung. Aber wie? Eine Möglichkeit ist, die Kritik eingepackt in Humor zu präsentieren, somit hat man gleich zwei Lerneffekte – Humor einüben und Kritik annehmen – lernen. Eine andere beliebte Art in der Psychotherapie sind bestimmte Kommunikationsstile, mit denen man die Kritik am anderen ausdrückt – z. B. in Ich-Form. Noch eine Möglichkeit, Kritik annehmen zu lernen, wäre über die Methode des Rollentausches. Oder man analysiert das negative Verhalten und findet die eigentliche Funktion und das Bedürfnis des Gegenübers, das hinter dem negativen Verhalten steht. Egal wie man es dreht und wendet, für eine nachhaltige Persönlichkeitsentwicklung ist dieser Lernschritt unerlässlich.

Folgende Punkte sind nur Anregungen für eine spirituelle Psychotherapie:

- Sich nicht zu lange mit Problemen beschäftigen, sondern aus der Perspektive der Lebensaufgabe, die hinter dem Problem steht, gleich die Lösung anvisieren.
- Sein eigenes Leben mit den tiefen Grundbedürfnissen und in Ehrlichkeit leben und nicht zu stark nach den Wünschen anderer.
- Negative Gedankenkreisläufe vermeiden und die Nutzlosigkeit dieser Kreisläufe erkennen.
- Durch die entwickelte Liebe ein freudiges Grundgefühl ausstrahlen.
- Dankbarkeit und Hilfsbereitschaft praktizieren.
- Sich nicht zu lange mit der Vergangenheit beschäftigen, sondern auf das Ziel hinarbeiten – den Seelenreifungsprozess.

Dazu gehören auch viele pädagogische Anleitungen: Alternativgedanken lernen, Problembewältigungsstrategien einüben, Humor einsetzen, seine Bedürfnisse an der richtigen Stelle befriedigen, sich mit seinem geistigen Begleiter verbinden, Demut leben, ständige Selbstreflektion, Überprüfung der Motivation hinter den eigenen Gedanken, Worten und Taten und tägliches konzentriertes Zur-Ruhe-Kommen. Gerade letzteres ist für alle spirituellen Richtungen von unschätzbarer Bedeutung. Dazu sagt der

Psychologieprofessor W. Belschner: »Auch jede und jeder von uns muss bereit werden, den oft beschwerlichen Weg in die Stille zu gehen. Die Praxis des Stille-Werdens ist ein Weg in die Freiheit – das ist eine äußerst verlockende Aussicht! Aber dazu bedarf es der kontinuierlichen, alltäglichen, beharrlichen Übung.«[126] Und deswegen habe ich u. a. für die Menschen, die Schwierigkeiten haben, zur Ruhe zu kommen, die zehn Seelenreifungsreisen entwickelt, da eine geführte Entspannungsreise leichter zu bewerkstelligen ist als eine Meditation mit einem Konzentrationspunkt.

In den von mir beschriebenen zehn Seelenreifungsreisen arbeite ich in folgender Weise:

Es beginnt mit einer Fähigkeit, die wir als Kind noch hatten: Unbeschwertheit wieder mehr in das Leben integrieren. Dann kann man im zweiten Schritt seine Kindheit akzeptieren lernen, die Lebensaufgabe hinter den Schwierigkeiten entdecken und die grundlegenden Bedürfnisse in der Reise zum inneren Kind über die Vorstellung von idealen Eltern befriedigen. In dieser Phase soll der Mensch lernen, seine berechtigten Bedürfnisse zu artikulieren und sie in adäquater Form bei geeigneten Menschen zur Erfüllung zu bringen. Mutterliebe kann man in der folgenden Reise bei der Urmutter erfahren. Hier wird man durch Liebe und Verstanden-Werden so gesättigt, dass man die kindlichen Bedürfnisse nicht mehr mittels Übertragungsprozessen bei Erwachsenen (z. B. Partnern) sucht. Bis hierher nenne ich diese Entwicklung eine gesunde Ich-Entwicklung. Danach beginnt die Entwicklung der spirituellen Seite im Menschen. Über die Begegnung mit dem Höheren Selbst in der vierten Reise lernt man seinen inneren Beobachter und in Form des alten Weisen seinen geistigen Begleiter aus dem Jenseits kennen. In der fünften Reise erlebt man den Zusammenhang von früheren Leben zum heutigen Erdenleben kennen, und akzeptiert sein Le-

126 W. Belschner 2005, S. 181.

ben mit all seinen Problemen. Die nächste Reise betrifft den Zustand nach dem Tod, und zwar nur den lichtvollen (Licht nach dem Übergang). In der Lebensrückschau kann man eventuell noch negative Reaktionsmuster erkennen, die noch verbesserbar wären. Bei der siebten Reise sollte man lernen, sich ganz der Liebe hinzugeben (Hingabe an die Liebe). Am Ende führt die Reise zum Ursprung der Liebe, so wie es in manchen Nahtoderfahrungen erlebt wurde: Eine helle Lichtgestalt und ein singender Engelchor. Sich ganz dieser Erfahrung hingeben zu lernen wie ein Kind, das ist das Ziel dieser Reise. Danach geht es wieder während der folgenden achten Reise um Reinigung negativer Emotionen und Gedanken mittels Feuer und Licht. In der neunten Reise findet die Begegnung mit dem Inneren Heiler statt. Hier kann man über die Augen des Heilers mit der Lichtgestalt eine Verbindung eingehen, die bleibend wirken kann. Am Ende übt man bei der zehnten Reise die Achtsamkeit und das Erleben des Heiligen Moments. Bei dieser Übung kann man versuchen, sein ganzes Leben in dieser Verbundenheit zu allem durch die Quelle des Urlichts aufrechtzuerhalten.

Es bedarf einer unglaublich großen Leidenschaft zum Ursprung, zu Gott, dass man diesen Zustand aufrechterhalten kann. Schon Yogananda beschreibt die Worte seines Meisters Sri Yukteswar, eines wahrhaft Erleuchteten: »›Es sind die irdischen Wünsche, die uns aus dem inneren Eden vertreiben. […] Solange die Menschen noch nicht gelernt haben, sich auf den Göttlichen Willen einzustellen, werden sie immer wieder leiden müssen‹, sagte der Meister. Denn was Gott lenkt, entspricht nicht immer dem, was der ichbetonte, intelligente Mensch denkt. Gott allein kann unfehlbaren Rat erteilen; denn Er ist es, und kein anderer, der die Last des Kosmos trägt.«[127] Seinen Willen dem Willen Gottes unterzuordnen erfordert wohl eine unermessliche Demut. Nicht aus selbstsüchtigem Verlangen die Erleuchtung zu wollen, sondern aus reiner Liebe Gott zu dienen,

127 P. Yogananda 1985, S. 164.

wäre das Ziel der Seelenreifung, die Vereinigung mit dem Ursprung.

Es wird aus dem eben Gesagten deutlich, dass es natürlich nur sehr wenigen Menschen gelingt, diesen hohen Bewusstseinszustand zu erreichen. Doch das ist meines Erachtens auch gar nicht so wichtig. Allein der Wunsch, dass man Gottes Werkzeug sein möchte, damit sich sein Heilsplan erfüllt, und wahre spürbare Liebe zu Gott lassen schon oft Gnadenakte geschehen, für die man ewig dankbar sein kann. Der Vorgang der Seelenreife vollzieht sich dabei meist still und unbemerkt. Es gibt so viele Menschen, die seit Jahrzehnten beten oder meditieren, aber im täglichen Umgang auf einer niedrigen Seelenreife stehengeblieben sind, vor allem, wenn man den Punkt Kritik annehmen herauspickt.

Natürlich hat jeder seine Schwachstellen: Der eine ist überheblich, der andere unterwürfig; der eine ein Geizkragen, der andere ein Verschwender; der eine ist stur, der andere zu durchsetzungsschwach. Es geht darum, die Balance zu finden, den Menschen und der Natur mit reinem Herzen begegnen, Mitgefühl mit allen zu haben und einfach Liebe zu spüren – jeden Tag, jede Stunde oder am besten jeden Moment. Es geht darum, den Wunsch zu haben, seine charakterlichen Schwächen zu überwinden, und sich dabei wirklich von seinen geistigen Begleitern Hilfe zu holen. In all diesen Handlungen kann man Demut lernen, aber vor allem in der kindlichen Liebe zu Gott. Von dieser Seelenreife und von dieser immensen Liebe hängt das Wohl eines Menschen ab. »Ob ein Mensch gesund werden kann, hängt immer allein von seiner Entwicklung und der Reinheit seines Herzens ab.«[128]

Gerade in der heutigen Zeit, in der die Egoismen in allen Schichten der Menschheit vertreten sind und der Erhalt der Schöpfung anscheinend hintanstehen muss, erkennt man doch die Ursache von allen Problemen hier auf der Erde: Es ist die Selbstsucht. »In dieser schwierigen Zeit lautet die

128 S. Wallimann 1997, S. 54.

Lektion für uns alle, fest daran zu glauben, dass wir Schwierigkeiten wie Angst, Schuld oder Hass in Liebe, Vergebung und Mitgefühl verwandeln können. Eines kann ich mit wachsender Überzeugung sagen: Je mehr wir lieben, desto mehr sorgen wir füreinander und desto mehr teilen wir miteinander. Dies sind die Grundlagen der Macht der Positivität, die die Welt verändern kann. LIEBE ÜBERWINDET ALLES!«[129]

Mit diesem Appell endet meine Zusammenfassung. Mein Anliegen ist damit klar ausgedrückt: Der Ursprung allen Seins ist allumfassende Liebe – der Rückweg geht somit auch nur über das menschliche Reifen hin zur allumfassenden Liebe, und dies nenne ich Seelenreifung.

129 P. Satori/K. Walsh 2018, S. 309.

5. Voraussetzungen für einen spirituellen Therapeuten

»Um geistige Werte wirklich hilfreich weitervermitteln zu können, dürfen sie auch für die Vermittler nicht Theorie bleiben. Neben der Hinwendung zum Nächsten bedarf es immer auch des eigenen Reifungsprozesses und der wachsenden Liebesfähigkeit sowie das Voranschreiten des eigenen Entwicklungsweges [...] Charakterliche Korrekturen hin zu einem tugendhaften und gottbezogenen Leben sind dabei eine unbedingte Notwendigkeit.« Dies postuliert Peter Maria Kobosil in seinem Buch *Eine Psychologie der neuen Zeit.*[130] Dies würde ich auch so unterstreichen, aber noch um folgendes ergänzen: Die meisten Psychotherapeuten sind religiös distanziert, aber der Spiritualität nicht abgeneigt (80-90%), dies ergaben Studien in Amerika und Europa.[131] Das klingt – lustig gesagt – wie »lauwarme Suppe«. Ich denke, wenn ein Therapeut nicht »Feuer und Flamme« für die Liebe zum Ursprung brennt, dann hat er schon mal schlechte Voraussetzungen für einen spirituellen Therapeuten. Das, was ich gerade geäußert habe, ist natürlich idealtypisch gedacht. Aber nun zurück zu den Fakten. Das Fazit aus allen Nahtoderfahrungen und medialen Übermittlungen ist, dass der Hauptfaktor im Reifeprozess und auch für die seelische Gesundheit die Liebestätigkeit ist. Nach ihr richtet sich nach dem Übergang vom Erdenleben ins Jenseits automatisch die Astralebene, in der man dann weiterlebt – also nicht der Glaube, nicht die transzendenten Bewusstseinserfahrungen, sondern die Liebestätigkeit. Insofern wird dieses Thema in einer Psychotherapie der Weisheit zentral sein. Dass der Therapeut

130 P. M. Kobosil 2017, S. 257.
131 A. Bucher 2007, S. 148.

dafür ein gewisses Maß an Liebe besitzen und ausstrahlen sollte, ist selbstredend. Das meiste bewirkt ein Therapeut gerade durch seine Art. In dem eigenen Entwicklungsprozess sollte daher ein spiritueller Therapeut so gereift sein, dass seine liebevolle Art und Ausstrahlung für andere auch spürbar sind.

Wie bei jedem anderen Therapeuten sollte er einen Selbsterfahrungsprozess durchlaufen haben, während dem er seine Schwächen und Fehler kennengelernt und wenigstens zum Teil überwunden hat. Er sollte seine persönliche Identität gefunden haben und mit seiner Lebensart glücklich sein. Die Fähigkeit des Kritik-Annehmens und dies in sein eigenes Leben integrieren, wäre dabei sehr wichtig. Denn es kommt im therapeutischen Verlauf durch Übertragung und Gegenübertragung zu so vielen persönlichen Verstrickungen, dass ein Therapeut gut in sich ruhen und ganz klar in seinem Urteils- und Unterscheidungsvermögen bleiben sollte, um den Patienten vor Verwicklungen mit seinen eigenen Schwächen zu schützen. Um in sich zu ruhen, sollte man entweder Naturtalent sein oder täglich Ruheübungen vollziehen. Dabei wäre es gut, wenn auch der Therapeut lernt, seine Gedanken zu beobachten, zu verändern und zur Ruhe zu bringen. In dieser Situation sollte er auch die innige persönliche Liebesbeziehung zu seinem spirituellen Ursprung pflegen, sich dieser göttlichen Person in Demut anvertrauen und sie bitten, ihn zu leiten, ihn zu einem Werkzeug für die göttliche Intelligenz zu machen. Diese Haltung wäre optimal für das Wirken eines spirituellen Therapeuten. Vor diesem Hintergrund sollte er auch seine persönlichen Beziehungen in seinem sozialen Umfeld pflegen. Ein absolut integrer Mensch, der sowohl die Tiefe in einer Begegnung herstellt als auch von der Leichtigkeit des Humors Gebrauch macht, sollte er sein.

Eine möglichst bunte Werkzeugkiste ist auch manchmal von Vorteil. Es muss dann nicht immer nur ein Lösungsweg sein, sondern man kann sich unter mehreren Wegen einen oder einige aussuchen. Die verschiedenen Therapierichtungen haben alle meist ein oder mehrere gute Werkzeuge, die man sich bedarfsgerecht ausleihen und in der Therapie anwenden kann. Dieser Meinung ist auch Dr. Rainer Marien, der in seinem Buch *Psychotherapie und Spiritualität – Das Beste aus zwei Welten für die Seele* dafür plädiert, »dass eine Therapie oder ein Entwicklungsimpuls der Zukunft einem Menschen aus der Fülle der nützlichen Methoden und Tools das anbieten kann, was in seiner konkreten Lebenssituation, mit seiner einmaligen, höchst individuellen Lebensgeschichte am besten hilft, um seine ins Stocken geratene Entwicklung wieder in Gang zu bringen.«[132] Ein Allround-Werkzeug ist die in diesem Buch beschriebene Tatsache, dass jeder Mensch einen Schutzbegleiter hat und einen göttlichen Ursprung, der schon sehnsüchtig und voller Liebe auf einen wartet. Dies kann man im therapeutischen Prozess so verwenden, dass es dem Patienten Halt und Sicherheit und seinem Leben eventuell eine neue Wendung geben kann. Je tiefer der Therapeut die Beziehung zu seinem eigenen göttlichen Ursprung pflegt, desto besser kann er sie seinem Patienten vermitteln und auch ihm den Weg eröffnen, auf diese Weise Heilung zu erfahren. William James, einer der Urväter der modernen Psychologie, beschrieb die Wirkung religiöser Erfahrungen schon 1901/1902 in seinen Vorlesungen. »Die Befreiung besteht aus dem Gefühl, dass wir von der Unstimmigkeit geheilt werden, wenn wir mit den höheren Mächten in die richtige Verbindung treten.«[133] Dabei sollte auch der Therapeut die Erfahrung gemacht haben, dass es nicht die täglichen Rituale alleine sind, die ihn in seiner Persönlichkeit reifen lassen. Es ist die Herzöffnung, die es ihm erlaubt, tiefe Erfahrungen von Glück und Liebe zu erleben. M. Scott Peck beschreibt in seinem Buch *Der wunderbare Weg*, dass man alles auf dem Weg des spirituellen Wachstums vorbereiten kann, doch ob es zu dem Liebesakt zwischen der Person und Gott kommt, bleibt immer ein Phänomen göttlicher Gnade. »Rituale sind nur Lernhilfe, nicht das Lernen selbst. [...] Es

132 R. Marien 2019, S. 268.
133 W. James 2014, S. 487.

gibt keine Worte und keine Lehre, die den spirituell Reisenden der Notwendigkeit entheben, seine eigene Methode zu suchen, mit Anstrengung und Angst seinen eigenen Weg durch die einzigartigen Umstände seines eigenen Lebens zur Identifikation seines individuellen Selbst mit Gott zu finden.«[134] Der Therapeut bietet aus seinem Erfahrungsschatz etwas an, aber es dann zu seinem Eigenen zu machen, ist die Aufgabe des Patienten.

So sollte auch der spirituelle Therapeut immer offen für etwas Neues sein, Freude am Dazulernen haben und sich immer weiterentwickeln. Doch das wichtigste, finde ich, sind zwei Dinge: Erstens sollte er ein Gefühl für das Wesentliche in der Therapie haben, damit er schnell auf das zugrunde liegende Kernproblem stößt, und zweitens sollte er die passende Strategie in seinem Repertoire haben, die zu dem Patienten passt. Durch die Feststellung, dass Liebestätigkeit das wichtigste zu erreichende Merkmal im Leben ist, sollte er so ein starkes Vertrauen zu seiner göttlichen Bezugsperson entwickeln, dass er sich von dieser inneren Intuition führen lässt, und den Patienten lehrt, das Gleiche zu tun. So macht er den Patienten nicht von sich abhängig, sondern vermittelt ihm den Weg zu seinem göttlichen Ursprung, der Quelle aller Liebe und Kraft. Und diese Abhängigkeit von der göttlichen Quelle ist eine heilsame, denn – richtig verstanden – führt sie uns zur Demut und damit zur Aufgabe unserer Selbstsucht.

134 M. Scott Peck 2010, S. 401.

6. Nachwort

Es war nicht meine Absicht, Beweise für das Leben nach dem Tod zu liefern. Dafür gibt es Dutzende sehr gute Untersuchungen, die dies im Detail mit aller Sorgfalt belegen.[135] Meine Aufgabe sah ich im Ordnen und Strukturgeben der vielen Erfahrungsberichte. Je höher der geistige Entwicklungsstand einer Seele ist, desto komplexer fällt die Darstellung der jenseitigen Welt aus. Seelen, die nicht so weit entwickelt sind, haben auch nicht die Übersicht über das geistige Geschehen in der Astralwelt. Deswegen musste ich auch mediale Durchsagen aus den höchsten Lichtebenen hinzuziehen. Die erdrückende Vielzahl von Zeugnissen aus der geistigen Welt verbietet es einem förmlich, nicht davon Notiz zu nehmen.

Der Anstieg dieser Erfahrungsberichte ab Mitte der Siebzigerjahre geht parallel mit der Entwicklung der neueren medizinischen Technik, mit der man wesentlich mehr Menschen aus dem Klinischen Tod zurückholen kann als früher. Aber Vorausdenker, die es schon immer gab, haben auch schon früher das Wissen um die geistige Welt anerkannt, wie z. B. Rudolf Steiner (2010) oder William James (2014). Von letzterem stammt das Zitat aus seiner Vorlesung 1902: »Diese unsichtbare Region ist jedoch nicht nur etwas Geistiges, denn sie bringt Wirkungen in dieser Welt hervor. Solange wir mit ihr in Verbindung stehen, geschieht etwas Wirkliches mit unserer endlichen Persönlichkeit: Wir werden zu neuen Menschen und unsere Erneuerung hat Konsequenzen für unser Verhalten in der natürlichen Welt. Was aber in einer anderen Realität Wirkung hervorbringt,

135 Pim van Lommel 2009, J. S. Miller 2014, R. A. Moody 2002, J. Long 2010, L. Kean 2017, B. Imhof 2018, M. Morse 1994, B. Jakoby 2011 u.v.a.m.

muss selbst eine Wirklichkeit genannt werden; deshalb halte ich es für philosophisch unentschuldbar, die unsichtbare oder mystische Welt unwirklich zu nennen.«[136] Für mich ist es unvorstellbar und unentschuldbar, dass dieses Wissen nicht in dem Lehrplan unserer Schulen integriert ist. Es könnte dadurch so viel Leid und geistige Verirrung verhindert werden. Im Vorwort des Buches von Dr. Jean-Jacques Charbonier, *Wenn dein Kind über den Tod sprechen will (2018)*, schreibt der renommierte Psychiater und Psychotherapeut Dr. Olivier Chambon: »Das Buch sollte in die Liste der Pflichtlektüre aufgenommen werden und das Erziehungsministerium müsste sich ernsthaft damit auseinandersetzen, ein neues Schulfach ergänzend zur Biologie, nämlich Thanatologie (Wissenschaft des Sterbens, des Todes und der Bestattung) einzurichten.«[137]

Deswegen wählte ich für meinen Weisheitsbegriff diese geistigen Gesetzmäßigkeiten, die ich hier sehr ausführlich beschrieben habe, und plädiere dringend dafür, dieses Wissen in die Wissenschaft der Psychologie, aber selbstverständlich auch in alle anderen Bereiche aufzunehmen. Es ist natürlich nur ein kleiner Einblick in die geistigen Gesetze des Jenseits, deswegen nur ein erster Schritt zur Weisheit, aber wenigstens mal einer. Die Folgen, die sich aus den Gesetzen der geistigen Welt für die Psychotherapie ergeben, habe ich in diesem Buch skizziert. Eine Möglichkeit, Psychotherapie nach diesen Gesetzmäßigkeiten zu verändern, habe ich in den Ausführungen *Psychotransformation mit Weisheit* (Kapitel 4) dargestellt. Dabei stand immer der Begriff der Seelenreife im Mittelpunkt, den ich für den geeignetsten hielt, um der Psychotransformation vom Ich zum Ursprung einen passenden Namen zu geben. Hierin liegt der ganze Sinn des Lebens, sowohl in der Erdenwelt als auch in der jenseitigen Welt. Diese Seelenreifung vollzieht sich nur durch Liebe, *allumfassende* Liebe. Da dies nicht nur für Patienten gilt, die eine Psychotherapie durchführen,

136 W. James 2014, S. 493.
137 J. Charbonier 2018, S. 11.

sondern für alle Menschen, schrieb ich im Untertitel: *Eine Anleitung für ein sinnerfülltes Leben.* Damit sind nicht nur die Seelenreifungsreisen gemeint, die natürlich jeder gerne verwenden kann, wenn es seiner Reifung dient. Sondern damit ist auch meine Aufforderung verbunden, mit gesundem Menschenverstand nachzudenken, ob mit diesen Erfahrungsberichten nicht eine weltumspannende Grundlage offenbart wird, die jeden Menschen logischerweise zu einem Glauben führen kann, der auf der Liebe zu unserem Schöpfer basiert. Denn Liebe ist sowohl der gemeinsame Nenner aller Weltreligionen als auch das weltumspannende Ziel unserer Erdbevölkerung, wenn sie die Schöpfung bewahren will. Deswegen lade ich jeden Leser ein, jeden Tag circa fünfzehn bis sechzig Minuten in einer passenden Umgebung zur Ruhe zu kommen und seinen göttlichen Ursprung (ob Gott, Jesus, u. a.) in Liebe und Dankbarkeit gegenüberzutreten, so, als wäre er ganz real unser Gegenüber, und dann in der liebenden Zweisamkeit mit ihm zu sprechen, ihn zu loben, in Stille seine Gegenwart genießen o. ä. Man braucht dadurch keine Wunder erwarten, aber mit der Zeit wächst die Beziehung zu dem göttlichen Ursprung derart, dass man sich von ihm in jedem Moment begleitet und geliebt fühlt. Das wäre schon eine wunderbare Psychotransformation.

6.1. Ausblick über die Psychotherapie hinaus

In diesem Kapitel wage ich eine leicht utopische, aber in Wirklichkeit durchaus machbare Zukunftsvision. Angenommen, der Inhalt in den ersten beiden Kapiteln würde Allgemeinwissen werden, das schon während der Schulzeit weltweit allen Kindern zur Auseinandersetzung mit dem Inhalt zur Verfügung stünde, und die Tatsache, dass unser Verhalten hier auf Erden zukünftiges Leben in der jenseitigen Welt bestimmt, würde von den meisten anerkannt werden. Wer würde dann guten Gewissens habgierig und selbstsüchtig nur seinen eigenen Vorteil verfolgen?

In dem Wissen, dass die dunklen Ebenen des Jenseits nicht immer ganz einfach überwunden werden können, außer man hat wenigstens einen Teil seines liebevollen Charakters bewahrt, hätten viel mehr Menschen als heute Gewissensbisse, sich hier auf Erden gegenüber anderen entsprechend egoistisch zu verhalten. Somit wäre auch die ganze Schulbildung wesentlich stärker auf Persönlichkeitsbildung ausgelegt, indem gelebte Gemeinschaft mit intensiven persönlichen Beziehungen, die eine gesunde Ich-Entwicklung fördern, im Mittelpunkt stehen würde. Auch Teamgeist und Zusammengehörigkeitsgefühl wären im Vordergrund und nicht Einzelleistungen und Wettbewerb. Voraussetzung dafür wäre selbstverständlich eine entsprechend praktische und persönlichkeitsbildende Ausbildung zum Lehrerberuf und ein etwas anderer Lehrplan. Die Neugierde jedes Kindes müsste über die Dauer des ganzen Lebens erhalten bleiben, indem jeglicher Druck aus dem Lernen herausgenommen wird. Die Zusammenhänge des Lebens in der geistigen sowie der materiellen Welt würden in eigener Selbstverantwortung gelernt und in der Gruppe dann präsentiert und diskutiert werden. Und dabei wäre das Erlernen einer logischen Argumentation und das Entwickeln und ständige Überprüfen des eigenen Standpunktes durch die Einwirkung des Lehrers im sokratischen Dialog ein zentraler Reifeprozess für alle, in den auch der Lehrer miteingeschlossen ist. Das liebevolle und respektvolle Miteinander bildet die Basis der menschlichen Begegnung in der Schule. Die Mitbestimmung der Schüler am täglichen Gestaltungsprozess garantiert die Selbständigkeits- und Persönlichkeitsentwicklung.

Dergestalt findet sowohl *Herzensbildung* als auch *Wissensbildung* durch selbständiges, geordnetes und logisches Denken statt, und nicht, so wie heute, durch Bulimie-Lernen (Auswendiglernen, in der Prüfung wiedergeben und dann wieder vergessen) unwesentlicher Wissensgebiete. Dies ist in der heutigen Zeit m. E. dringend erforderlich. Die Menschen mit schwacher Ich-Entwicklung springen Ideologien hinterher, ohne sie wirklich genau zu überprüfen. Dies geschieht in meinen Augen bei vielen Gegnern von Kinderschutzimpfungen, bei esoterischem Firlefanz, bei religiösen Anbetungen mit dubiosem Inhalt, bei ungeprüftem Glauben an heilpraktische Methoden aller Art, bei Familienaufstellungen und vielem anderen mehr. Die Quellen irgendwelcher Theorien und Meinungen werden nicht gründlich durch Nachforschen überprüft, sondern einfach geglaubt. Dabei wird oft unter dem Vorwand des Paradigmenwechsels alles, was der naturwissenschaftlichen Betrachtung angehört (Schulmedizin z. B.), verteufelt, so als ob alles daran schlecht wäre, und alles, was als alternativ gilt, als ganzheitlich und heilbringend hingestellt. Diese Art, ohne gesunden Menschenverstand blindgläubig jemanden oder etwas zu glorifizieren, widerspricht einer intelligenten Einstellung. Ein gesunder Zweifel ist auch deswegen angebracht, weil – wie ich in den ersten beiden Kapiteln dargelegt habe – sich meist unreife Seelen auf der Erde verkörpern. Es ist keine Garantie für Seelenreife, wenn ein Mensch ein bestimmtes Amt innehat (z. B. Philosoph) oder jahrelang meditiert. Es liegt mehr an der Herzöffnung und Liebesfähigkeit eines Menschen, ob man ihm Vertrauen schenken kann oder nicht. Aber eben nicht nur das, sondern auch seine Anschauungen müssen genau überprüft werden und logisch nachvollziehbar sein. Deswegen muss beides in der Schulbildung vertreten sein – Förderung der Liebestätigkeit durch liebevollen, offenen und verständnisvollen Umgang miteinander und Einübung des logischen Denkens und Argumentierens.

Wenn es die Bestimmung des Menschen ist, seine negativen Charaktereigenschaften durch Liebe zu überwinden, sollte in der Schulbildung diesem Anspruch Genüge geleistet werden. Außerdem steht der Anspruch der Charakterbildung ganz offiziell in jeder Schulordnung. Aber wie soll Charakterbildung funktionieren, wenn die Lehrer in ihrer eigenen Charakterbildung während ihrer Ausbildung keine tiefgründigen Erfahrungen gesammelt haben? Eine Form der Selbsterfahrung zur Erlangung von Persönlichkeitsreife und Beziehungsfähigkeit darf in keiner

Lehrerausbildung fehlen. Diese sollte in einer emotional tiefgehenden Ergründung der eigenen Verhaltensmuster durch kompetente Anleitung und Gruppenfeedback langjährig erfolgen. Erst dann haben die Lehrer eine Grundlage dafür, den Schülern bei der Charakterbildung behilflich zu sein. Aber wie könnte das dann aussehen? Im täglichen Umgang zwischen Schülern untereinander und zwischen Schülern und Lehrern finden unausgesprochene und ungeklärte Beziehungskonflikte statt, die eine ständige und offene Auseinandersetzung darüber benötigen, um einen Seelenreifungsprozess oder auch eine Charakterentwicklung im positiven Sinn zu ermöglichen. Das soziale Lernen, das sich in diesen Konflikten abspielt, wird auch oft als »heimlicher Lehrplan« bezeichnet, der die Kinder in unpädogogischer, wenn nicht sogar antidemokratischer Weise formt.[138] Dass es für so eine herausfordernde Arbeit der Lehrer eine mehrjährige Selbsterfahrungs- und Seelenreifungsarbeit braucht, ist eine logische Bedingung. Diese gilt es in seiner Ausbildung zu installieren. Denn dies ist der eigentliche Kern der Bildung: Die Kinder nehmen das zwischenmenschliche Geschehen, das, was sie am meisten durch die Worte und Handlungen anderer Menschen bewegt, als prägende Erfahrung mit in ihr weiteres Leben. Dies müsste demzufolge ein wichtiger Teil des Bildungsstoffes sein. Der Lehrer würde, wie ein guter Vater oder eine gute Mutter, seine Klasse wie eine Familie ansehen. Der Umgang wäre offen liebevoll, aber auch kritisch und fordernd, doch vor allem sehr persönlich. Der konstruktive Gebrauch der Worte in diesen persönlichen Auseinandersetzungen wäre das tägliche Lernfeld. In diesem offenen Miteinander ist der Lehrer selbstverständlich ein wichtiger Teil des Geschehens. Er muss sich genauso kritisieren oder loben lassen und mit Gefühlen umgehen lernen, wie die Schüler auch. Die Wirkung, die ein Mensch auf einen anderen erzeugt, ist dann Mittelpunkt des Studiums. Und so vollzieht sich Persönlichkeitsentwicklung. Man wird wegen

138 F. Bohnsack 2008, S. 17.

seiner negativen Charaktereigenschaften kritisiert und bekommt Hilfe dabei, sie zu überwinden. Das bestüberprüfte Medium des zwanzigsten Jahrhunderts, Edgar Cayce, auch »der schlafende Prophet« genannt, bekommt aus der geistigen Welt ähnliche Durchsagen: »Es ist nicht die Erkenntnis, die auf die Seele wirkt, sondern der Gebrauch, den man davon macht bei den Gelegenheiten, die das tägliche Leben bietet. Nicht auf das, was jemand weiß, nicht auf das, was er zu glauben bekennt, kommt es an, sondern allein darauf, was er tut und wie er handelt«.[139]

Wenn sich Bildung mit der zentralen Aufgabe des Menschen, der Seelenreifung, in der oben beschriebenen Weise beschäftigen würde, wäre die gesamte Menschheit in ihrer Bewusstseinsentwicklung einen Riesenschritt weiter. Die heute von allen Seiten so dringend geforderte Umgestaltung der Welt zur Erhaltung der Schöpfung[140] ist meiner Ansicht nach nur möglich, wenn die Charakterbildung vieler Menschen von klein auf in dieser Weise geprägt ist. Damit ist klar geworden, dass sowohl die naturwissenschaftliche (z. B. Klimakatastrophe) als auch die geisteswissenschaftliche Begründung (z. B. Selbstsucht, negative Charaktereigenschaften) in der Erklärung unserer heutigen Misere ihre Richtigkeit und Berechtigung haben und deswegen dieser Notstand auch nur auf beiden Ebenen gleichzeitig gelöst werden kann, wenn es nachhaltig sein soll. Ken Wilber drückt es so aus, dass wir in der Evolution unseres Bewusstseins im letzten Viertel, in der Entwicklung des Übergeistes und Supergeistes, angelangt sind. Diese Begriffe, die unter anderem Sri Aurobindo gebraucht hat, meinen das, was ich mit der Verbindung zum Ursprung angedeutet habe. In diesem Zusammenhang sieht Ken Wilber die wahre Religion, die auf transzendenten Erfahrungen beruht, nicht als reaktionäre Kraft, »die sich nach einem verlorenen Gestern sehnt, sondern vielmehr zum erstenmal in der Geschichte zur Vorhut einer progressiven, liberalen und evolutionären

139 L. W. Robinson 1974, S. 269.
140 M. Göpel 2020, C. Langer 2019, E. U. v. Weizäcker u. a. 2017.

Kraft wird. […] Wenn es sich als richtig herausstellen sollte, dass die Evolution jetzt dabei ist, kollektiv die höheren Stufen der Großen Kette zu entfalten, wie sie bereits die niedrigen entfaltet hat, dann würde echter Religion – echter Spiritualität und den tiefen Wissenschaften des Innen – eine nie dagewesene Rolle als Vorhut der Evolution zufallen, als Wachstumsspitze des universellen Organismus, der sich auf seine eigenen höchsten Potentiale hin entwickelt, nämlich die in stetigem Werden begriffene Verwirklichung und Aktualisierung des GEISTES.«[141] In dieser Art religiöser Ausübung gibt es keine Unterschiede mehr zwischen den Religionen, ebenso verlieren die unterschiedlichen Rituale ihre oberflächliche Bedeutung, weil es auf die tiefgründige Hingabefähigkeit jedes Menschen zum Ursprung hin und das Erleben von Liebe ankommt. In diesem Sinne wird die religiöse Hingabe jedes Einzelnen durch die Liebe zum absolut Einen, zum Ursprung, zu einer notwendigen und wichtigen Grundlage bei der Erschließung realer geistiger Welten, die ich schon bei den Nahtoderfahrungen und medialen Durchsagen beschrieben habe.

Ohne einen durch und durch edlen Charakter ist das Erstreben einer höheren Bewusstseinsebene vollkommen nutzlos, weil es zu diesem endgültigen Erleuchtungsprozess eben dieses Charakters bedarf, wenn es eine dauerhaft positive Wirkung auf den Menschen haben soll. Dies findet man in allen religiösen Lehren als Grundfundament beschrieben (der achtfache Weg im Buddhismus, die zehn Gebote im Christentum usw.). Selbst Gopi Krishna, der durch die Kundalini-Kraft zu höherem Bewusstsein gelangt ist, betont immer wieder, dass mittels Selbstbeherrschung und edler Gesinnung dieser Zustand zu erreichen sei, sonst wirke er sich negativ aus. »Allein schon der Gedanke, durch Chemikalien, durch mentale Suggestionen oder Meditations-Techniken den Zugang zu Gott zu gewinnen, ist ein Hohn gegenüber den erhabenen Lehren der Religion, die den Menschen aufrufen, sich für die höchste Schau durch

141 K. Wilber 2013, S. 264/265.

Festhalten an edelsten Lebensidealen vorzubereiten.«[142] Diese geistigen Realitäten in einem veränderten Bewusstseinszustand zu erleben, in welchem der Mensch dieses göttliche Bewusstsein erreicht, beschreibt der geistig hochentwickelte Sri Aurobindo in seinem *Integralen Yoga* mittels drei aufeinanderfolgenden Transformationsprozessen: Der psychischen, der spirituellen und der supramentalen Transformation. Auf der letzten Stufe erreicht der Mensch dann das Bewusstsein und die Wahrnehmung, wie sie in den höheren Astralebenen im ersten Kapitel in diesem Buch beschrieben wurden. In diesem Zustand der göttlichen Liebe, der Allverbundenheit und des Allwissens hat der Mensch all seine negativen und niederen Empfindungen überwunden. Zu diesem Ursprung des Seins zu kommen, bezeichnet Sri Aurobindo als den Vollsinn des Seins. »Seiner selbst und aller Wahrheit des eigenen Seins im Vollsinn und integral umfassend bewusst zu sein, das ist die notwendige Bedingung, um unsere Existenz wahrhaft zu besitzen. Dieses Bewusstsein seiner selbst ist es, das mit spiritueller Erkenntnis gemeint ist. Ein Leben gnostischer Menschen, das die Evolution dem höheren supramentalen Zustand entgegenführt, darf mit Recht als ein göttliches Leben charakterisiert werden.«[143]

Natürlich ist dies eine unglaublich hoch entwickelte Seelenreife, die mit der supramentalen Transformation beschrieben wird. Doch wenn wir jetzt nicht anfangen, die von mir dargestellten geistigen Astralwelten, die mittlerweile Millionen Menschen im klinischen Tod oder medial übermittelt erlebt haben, als Tatsache anzuerkennen und darüber hinaus, dies als Ziel von menschlicher Entwicklung zu begreifen und in der Bildung als Zentralziel zu integrieren, können wir lange warten, bis die Evolution menschlichen Bewusstseins diese supramentale Transformationsstufe erreicht. Alle drei von mir kurz erwähnten indischen, geistig hochentwickelten Menschen – Sadhu Sundar Singh,

142 C. F. v. Weizäcker, G. Krishna 2010, S. 140.
143 S. Aurobindo 1986, S. 129.

Yogananda und Sri Aurobindo – eint eine Gemeinsamkeit: Sie empfinden eine tiefe Sehnsucht nach Gott und haben eine unglaublich allumfassende Hingabefähigkeit und Liebesempfindung zu Gott. Dies entspricht auch der Kernaussage von Jesus Christus: Liebe Gott über alles und liebe seine Schöpfung, deinen Nächsten wie dich selbst (beides auch Teil der Schöpfung). Wenn wir diesen Vorbildern folgen, dann sollten wir eine Menge Zeit darauf verwenden, diesen Liebesdienst in unserem Inneren zu vollziehen. Nicht nur in den Zeiten, in denen eine Pandemie uns zu Hause gefangen hält, hätten wir viel freie Zeit, um nach innen zu gehen und uns dieser Liebe zum Ursprung zu widmen. Das Glück und die Erfüllung, die wir dabei erhalten können, kann uns keine andere Freude in diesem Umfange geben. Zerstreuung im Alltag und Beschäftigung mit Unwesentlichem bringen uns von dem Ziel immer weiter weg. Deswegen möchte ich gerne mit der Beschreibung eines Menschen im supramentalen Zustand – so wie Sri Aurobindo es erlebt hat – schließen: »Er lebt in Gott und mit Gott, er besitzt Gott sozusagen, ja er stürzt sich in ihn, alles gesonderte Personsein vergessend, ohne aber dieses in Selbstauslöschung zu verlieren. Die Liebe zu Gott und alle Süße der Liebe bleiben sein, die Seligkeit der Verbindung wie die Seligkeit der Einheit und die Seligkeit der Verschiedenheit in der Einheit noch dazu. All die unendlichen Sphären der Erfahrungen des Unendlichen sind sein, und in der Umarmung des Unendlichen die ganze Freude des Endlichen ebenso. Wenn es eine Evolution in der materiellen Natur gibt und wenn es die Evolution eines Seins ist, dessen Schlüsselbegriffe und Grundmächte Bewusstsein und Leben sind, dann ist es diese Fülle des Seins, diese Fülle des Bewusstseins, diese Fülle des Lebens, die das Ziel der Entwicklung sein muss, dem wir zustreben und das sich auf einer früheren oder späteren Stufe unserer Bestimmung manifestieren wird.«[144]

144 ebd. S. 130.

7. Zur eigenen Person

Ich bin 1958 in München geboren und habe dort Psychologie studiert. Nach dem Studium habe ich vier Jahre als wissenschaftlicher Mitarbeiter an der Universität Ulm gearbeitet, Abteilung Medizinische Psychologie. 1986 legte ich meine Promotion dort ab. Danach nahm ich mir sechs Monate Auszeit in Indien und machte dort tiefgreifende spirituelle Erfahrungen. Im Anschluss war ich vier Jahre in einer Privatklinik für Psychosomatik und Psychiatrie beschäftigt und habe dann einen alten Bauernhof umgebaut, in dem jetzt mein Haus, ein Seminargebäude[145] und meine psychotherapeutische Praxis untergebracht sind, in der ich nun schon seit über dreißig Jahren arbeite.

Seit Beginn meines 22. Lebensjahres meditiere ich täglich und habe mich auf verschiedensten Kongressen und Tagungen über das Thema Spiritualität und zeitgemäße Psychotherapie informiert. Mit dreißig Jahren reiste ich für ein halbes Jahr nach Indien. Dort versuchte ich anfangs, einen reifen Meister zu finden, der mich auf dem Weg zur Erleuchtung begleitet. Dies war mein Ziel: Eine Erleuchtungserfahrung ganz im Sinne der buddhistischen Lehre. Nach einem Monat Erfahrung in verschiedenen Ashrams und heiligen Orten kam ich zu folgendem Schluss: Die meisten spirituellen Meister sind selbst noch nicht wirklich reif, und ich kann noch jahrelang weiterreisen und suchen oder die Reise nach innen antreten. Für letzteres habe ich mich schließlich entschieden. Ich fand einen Ort, an dem ich die nächsten fünf Monate blieb. An diesem Ort meditierte ich nach einer Tagesstruktur, jeden Tag acht Stunden, außer sonntags. Anfangs tat ich mich sehr schwer, die Konzentration so lange auf einen Konzentrationspunkt zu hal-

145 seminarhof-morgenstern.de.

ten. Ich probierte alles aus: Chakren, Atmung, Mantra-Meditation, Gehmeditation, Gedanken-Vorbeiziehen-Lassen. Interessanterweise brachte mich ein indischer Ashram-Guru auf die Idee, mich an eine religiöse Figur aus meinem Kulturkreis als Konzentrationspunkt zu wenden. Diese Idee erschien mir anfangs vollkommen fremd, weil ich mit unserer christlichen Religion damals überhaupt nichts zu tun hatte. Aber – offen wie ich war – begab ich mich zur nächsten Missionsstation, besorgte mir ein Jesusbild und meditierte auf die rechte oder linke Pupille der Augen von Jesus. Ich tat dies anfangs rein technisch, da ich wie gesagt ohne Beziehung zu ihm war. Aber schon beim ersten Meditationsversuch auf die Augen Jesu fiel es mir ganz leicht, meine Konzentration über Stunden zu halten. Ich erweiterte diese Technik, indem ich den Namen »Jesus Christus« im Rhythmus meiner Atmung innerlich wiederholte und mir gleichzeitig einen Lichtstrahl von meinem zu seinem Herzen vorstellte. Dass ich hier eine Meditationsübung aus der orthodoxen Mystik anwendete, war mir zu der Zeit nicht bewusst. Aber ich spürte, wie ich über diese Art der Konzentration immer tiefer in mein Innerstes kam. Ich bemerkte all meine Charaktereigenschaften, die mich an einer Vertiefung der Mediation hinderten: Ungeduld, Ehrgeiz, Rechthaberei, mangelnde Hingabe usw. Und erst als ich diese innerlich überwand, ging es immer einen Schritt tiefer. Der letzte Schritt auf diesem Meditationsweg war das Zulassen von Demut. Dies fiel mir am schwersten. Doch als dies in meinem Innern vollzogen war, geschah nach circa drei Monaten die erste Erleuchtungserfahrung: Göttliches Licht, göttliche Liebe, Einheitserleben (eine Person »Viktor Terpeluk« gab es in dem Moment nicht mehr). Dies dauerte vermutlich nur kurz, doch in dem Moment war Zeit und Raum vollkommen verschwunden. Danach konnte ich vor Glück nur noch weinen und weinen. Ich war dankbar und innerlich so bewegt, dass mir dieses Gnadengeschenk gemacht wurde. Diese göttliche Lichterfahrung durfte ich noch zweimal erleben, bevor ich wieder nach Deutschland zurückkehrte.

Im Nachhinein fand ich dann in einem Buch die Herz-Jesu-Meditation von einem russischen Pilger beschrieben. Und es war wohl auch sicherlich kein Zufall, dass ich darauf gestoßen bin. Denn meine Eltern kommen aus der Ukraine und sind von ihrer Religionszugehörigkeit her griechisch-orthodox. Da sie aber in meiner Kindheit keinen Zwang ausgeübt haben, habe ich mir alle Kirchenbesuche gespart und mich aus dem Religionsunterricht abgemeldet. Vielleicht sind es meine slawischen Wurzeln, die sich zu dieser Meditationsart besonders hingezogen fühlen. Ich meditiere bis heute jeden Tag und durch die Beziehung, die dadurch während der letzten 33 Jahre zu Jesus entstanden ist, verspüre ich zu ihm ein tiefes Verbundenheitsgefühl und einen andauernden inneren Frieden. Mir selbst gibt diese Art der Meditation über Beziehung am meisten, denn hier kann ich meiner Liebe freien Lauf lassen. Gnadengeschenke, wie zum Beispiel die durch den Himmel inspirierte Musik,[146] die unter anderem als Hintergrund während der Seelenreifungsreisen zu hören ist, habe ich seither viele erhalten und bin dankbar dafür. Mein Vertrauen in die göttliche Führung ist seither stark gewachsen und begleitet mich täglich.

146 anzuhören auf meiner homepage:liebe-weisheit.de.

Literaturangaben

Alexander, E., Newell K. (2018): *Tore ins unendliche Bewusstsein*, Verlagsgruppe Random House, München.

Assagioli, R. (1988): *Psychosynthese – Prinzipien, Methoden und Techniken*, Verlag Astrologisch-Psychologisches Institut, Zürich.

Atwater, P. M. H. (2020): *Wir waren im Himmel*, Verlagsgruppe Random House, München.

Aurobindo, S. (1986): *Der integrale Yoga*, rororo, Hamburg.

Baumgartner, R. (2020): *Blick hinter die Himmelstür – Was wir schon jetzt über das Jenseits wissen*, Smaragd Verlag, Dierdorf.

Belschner, W. (2005): »Über die Notwendigkeit der Ruhe im Lärm unserer Gesellschaft oder: Die Notwendigkeit der Stille für das Überleben der Menschheit« in: *Spiritualität entdecken*, Katholische Akademie in Bayern.

Belschner, W. (2007): *Der Sprung in die Transzendenz, Psychologie des Bewusstseins*, Band 7, LIT Verlag, Hamburg.

Benedikt, H. E. (2014): »Die Wiederkunft Christi – Menschheit am Scheideweg« in Unicon-Stiftung: *Inkarnationsziel Erde*, Meersburg.

Benedikt XVI. (2007): »Innere Verwandlung der Existenz« in: *Glaube, Hoffnung und Liebe – Weisheit des Herzens*, Weltbild, Augsburg.

Bohnsack, F. (2008): *Schule – Verlust oder Stärkung der Person?*, Klinkhardt Verlag, Bad Heilbrunn.

Brinkley, D. (2010): *Das Geheimnis des Lichts*, Knaur, München.

Brunner, B. (2014): *Was uns erwartet*, ABZ Verlag Zürich.

Bucher, A. (2007): *Psychologie der Spiritualität*, Beltz Verlag, Weinheim, Basel.

Burpo, T. (2014): *Den Himmel gibt's echt*, SCM-Verlag, Holzgerlingen.

Capra, F (1983): *Wendezeit*, Scherz Verlag, Bern, München, Wien.

Charbonier, J. J.(2018): *Wenn dein Kind über den Tod sprechen will*, Verlag Via Nova, Petersberg.

Church, D. (2018): *Geist über Materie*, Momanda, Rosenheim.
Dahlke, R. (1997): *Reisen nach Innen*, Heyne Verlag, München.
Dalai Lama (2012): *Das Herz der Religionen*, Herder Verlag, Freiburg.
Demarmels, U. (2012): *Wer war ich im Vorleben*, Heyne Verlag, München.
Dispenza, J. (2018): *Werde übernatürlich*, Koha Verlag, Dorfen.
Dossey, L. (2014): *One mind*, Crotona Verlag, Amerang.
Dries, D. o. d. (2013): *Zurück aus dem Himmel*, Crotona Verlag, Amerang.
Dürr, H.-P. (2011): Das *Lebende lebendiger werden lassen*, oekom Verlag, München.
Dyer, W. W. (2016): *Erinnerungen an den Himmel*, Random House, München.
Epstein, G. (1992): *Gesund durch die Kraft der Vorstellung*, Kösel Verlag, München.
Fadiman, J. (1987): »Der transpersonale Standpunkt«, in: Walsh, R. N. / Vaughan, F.: *Psychologie in der Wende*, rororo, Reinbek bei Hamburg.
Fenimore, A. (1996): *Jenseits der Finsternis*, Knaur TB, München.
Fleischberger, M. (2016): *Naturwissenschaft trifft Spiritualität*, Via Nova, Petersberg.
Franchezzo (2021): *Ein Wanderer im Lande der Geister*, Turm Verlag, Bietigheim-Bissingen.
Fuckert, D. (2013): *Seelenreise in das Leben zwischen den Leben*, Goldmann, München.
Galuska, J. (1999): *Meditative Versenkung und transpersonales Bewußtsein*, in: Loomans, P.: *Meditation und Transpersonale Psychotherapie*, vianova Verlag, Petersberg.
Göpel, M. (2020): *Unsere Welt neu denken*, Ullstein Verlag, Berlin.
Grof, S. (1985): *Geburt, Tod und Transzendenz*, Kösel-Verlag, München.
Guggenheim B. & J. (2014): *Trost aus dem Jenseits*, Scherz, Frankfurt a.M.
Haas, J. (2012): *Jenseitige Welten*, Knaur TB, München.
Habib, S. (2015): *Ich kam zurück*, Brunnen Verlag, Gießen.
Haisch, B. (2018): *Die verborgene Intelligenz im Universum*, Crotona Verlag, Amerang.
Hardo, T. (2006): *Das große Handbuch der Reinkarnation*, Silberschnur, Güllesheim.

Heiler, F. (1987): *Sadhu Sundar Singh*, Turm-Verlag, Bietigheim-Bissingen.

Herrmann, E. (1993): *Von drüben*, Reichl Verlag, St. Goar.

Herrmann, E. (1999): *Von drüben II*, Reichl-Verlag, St. Goar.

Hobbs-Scharner, U. (2009): *Der Tod – Ein großes Geheimnis?*, HMHE Verlag, Vörstetten.

Imhof, B. (2018): *Wohin unsere letzte Reise geht*, Aquamarin Verlag, Grafing.

Imhof, B. (2019): *Zwölf kosmische Gesetze*, Aquamarin Verlag, Grafing.

Jäger, W. (2014): *Das Leben endet nie*, Herder Verlag, Freiburg.

Jakoby, B. (2011): *Auch du lebst ewig*, Nymphenburger Verlag, München.

James, W. (2014): *Die Vielfalt religiöser Erfahrung*, Verlag der Weltreligionen, Berlin.

Jung, C. G. (1979): *Über die Psychologie des Unbewußten*, Fischer TB, Frankfurt a.M.

Kean, L. (2017): *Jenseits des Todes*, Kopp Verlag, Rottenburg.

Khema, A. (1994): *Meditation ohne Geheimnis*, Theseus Verlag, Zürich.

Klein, Ch. & Helbig, J. (2017): *Visualisierung mit der Kraft der Gedanken*, GbR Klein&Helbig, Nürnberg.

Kobosil P. M. (2017): *Eine Psychologie der neuen Zeit*, BoD, Norderstedt.

Kramarik, A. (2017): *Her life, her art, her poetry*, Nelson Books, Nashville, Tennessee, USA.

Lagercrantz, O. (1997): *Vom Leben auf der anderen Seite – Ein Buch über Emanuel Swedenborg*, Suhrkamp, Frankfurt a.M.

Langer, C. (Hrsg.) (2019): *Ihr habt keinen Plan – darum machen wir einen*, Blessing Verlag, München.

Long, J. (2010): *Beweise für ein Leben nach dem Tod*, Goldmann, München.

Lorber, J. (1983): *Das große Evangelium Johannes – Bd. 5*, Lorber-Verlag, Bietigheim.

Lorber, J. (1987): *Das jenseitige Kinderreich*, Lorber-Verlag, Bietigheim.

Lorber, J. (1989): *Die geistige Sonne 2*, Lorber-Verlag, Bietigheim.

Lutz, W. (1979): *Die Grundfragen des Lebens in der Schau des Offenbarungswerkes Jakob Lorbers*, Lorber-Verlag, Bietigheim.

Lutzer, E.W. (2016): *5 Minuten nach dem Tod*, Christliche Verlagsgesellschaft, Dillenburg.

Mann, F. & Mann, C. (2017): *Es werde Licht*, S. Fischer, Frankfurt a.M.

Marien, R. (2019): *Psychotherapie und Spiritualität*, innenwelt verlag, Köln.

Maurer, A. & Weidinger, H. P. (2008): *Von Herz zu Herz – Liebe und Begegnung in Psychotherapie und Spiritualität*, Ibera Verlag, Wien.

MacGregor, D. (2014): *Wissenschaft und Transzendenz*, Crotona Verlag, Amerang.

Michel, P. (2001): *Weltreligion*, Aquamarin Verlag, Grafing.

Miller, J. S. (2014): *Erkundung der Ewigkeit*, Heyne, München.

Moody, R. A. (2002): *Nachgedanken über das Leben nach dem Tod*, rororo, Hamburg.

Moorjani, A. (2015): *Heilung im Licht*, Goldmann Verlag, München.

Morse, M. & Perry, P. 1994): *Zum Licht*, Goldmann Verlag, München.

Muqaddam, F. (2010): »1 Transcript des Audio Interviews von Veet Manam mit Faisal Muqaddam«, in: www.diamond-logos.de.

Musick, S. R. & Pastor, P. J. (2018): *Im Himmel wurde ich heil*, Brunnen Verlag, Gießen.

Neal, M. C. (2018): *7 Botschaften des Himmels*, Allegria Ullstein Verlag, Berlin.

Newton, M. (2005): *Leben zwischen den Leben*, Edition Astroterra, Wettswil, Schweiz.

Neyer, A. (2021): *Wissenschaft und Glaube*, Crotona, Amerang.

Nicolay, J. (2018): *Ein Gehen ins Licht*, Butzon & Bercker Verlag, Kevelaer.

Nowotny, K. (1989): *Mediale Schriften Band 1*, Laredo Verlag, München.

Osho (2003): *Osho über Leben und Sterben*, Lotos Verlag, München.

Parti, R. (2016): *Erwachen im Licht*, Ansata Verlag, München.

Paul, C. (2020): *Pferdefuß und Himmelsglück*, KIE-Media, Neusitz.

Peck, M.S. (2004): *Der wunderbare Weg – Eine neue spirituelle Psychologie*, Goldmann, München.

Piron, H. (2007): *Transpersonale Verhaltenstherapie*, vianova Verlag, Petersberg.

Rand, H. (2011): *Ich bin nicht tot, nur anders – Kinder berichten aus dem Jenseits*, rororo, Hamburg.

Robinson L. W. (1974): *Rückschau und Prophezeiungen – Edgar Cayce's Bericht vom Ursprung und Bestimmung des Menschen*, Bauer Verlag, Freiburg.

Rommer, B. R. (2004): *Der verkleidete Segen*, Santiago Verlag, Goch.

Rubisch, G. F. (2013): *Abenteuer Jenseits*, Goldmann, München.

Satori, P. & Walsh, K. (2018): *Geborgen in der Ewigkeit*, Aquamarin Verlag, Grafing.

Schrenker, L. (2014): *Pesso-Therapie*, Klett-Cotta Verlag, Stuttgart.

Sigmund, R. (2010): *Meine Zeit im Himmel*, Gilgal Publishing, Gontenschwil, Schweiz.

Snell, J. (2002): *Der Dienst der Engel*, Turm Verlag, Bietigheim.

Steiner, R. (2010): *Das Leben nach dem Tod*, Archiati Verlag, Bad Liebenzell.

Stevenson, I. (2014): *Reinkarnation in Europa*, Aquamarin Verlag, Grafing.

Storm, H. (2008): *Mein Abstieg in den Tod*, Santiago Verlag, Goch.

Swedenborg, E. (2005): *Himmel und Hölle – Visionen und Auditionen*, Swedenborg-Verlag, Zürich.

Tolstoi, L. (2011): *Für alle Tage – Ein Lebensbuch*, Verlag C. H. Beck, München.

Tucker, J. B. (2014): *Kinder erinnern sich*, Allegria Ullstein, Berlin.

Unicon-Stiftung (2012): *Sackgasse Suizid*, Meersburg.

Unicon-Stiftung (2014): *Inkarnationsziel Erde*, Meersburg.

Unicon-Stiftung (2015): *Schöpfung und Menschsein*, Meersburg.

Unicon-Stiftung (2016): *Erdgebundene Geistwesen*, Meersburg.

Van Laack, W. (2011): *Wer stirbt, ist nicht tot*, van Laack Buchverlag, Aachen.

Van Lommel, P. (2013): *Endloses Bewusstsein*, Knaur TB, München.

Van Praagh, J. (2002): *Jenseitswelten*, Arkana Goldmann, München.

Van Praagh, J. (2014): *Im Himmel zu Hause – was Kinderseelen über das Leben nach dem Tod berichten*, Heyne TB, München.

Vaughan, F (1987): »Transpersonale Psychotherapie – Kontext, Inhalt und Prozeß«, in: Walsh, R. N.: *Psychologie in der Wende*, rororo, Reinbek bei Hamburg.

Vaughan, F. (1990): *Die Reise zur Ganzheit-Psychotherapie und spirituelle Suche*, Kösel Verlag, München.

Voggenhuber, P. (2018): *Kinder in der geistigen Welt*, Heyne, München.

Volbehr, H. (2014): *Was die Welt zusammenhält – Ein grundlegender Dialog über Materie und Geist*, Via Nova Verlag, Petersberg.

Von Weizäcker, C. F. (1978): *Deutlichkeit – Beiträge zu politischen und religiösen Gegenwartsfragen*, Carl Hanser Verlag, München, Wien.

Von Weizäcker, C. F. & Krishna, G. (2010): *Yoga und die Evolution des Bewusstseins*, Crotona, Amerang.

Von Weizäcker E. U. u. a. (2017): *Wir sind dran*, Gütersloher Verlagshaus, Gütersloh.

Walach, H. (2011): *Spiritualität – Warum wir die Aufklärung weiterführen müssen*, Drachen Verlag, Klein Jasedow.

Wallimann, S. (1996): *Brücke ins Licht*, Bauer Verlag, Freiburg.

Warnke, U. (2018): *Die Öffnung des 3. Auges – Quantenphilosophie unseres Jenseits-Moduls*, Scorpio Verlag, München.

Weber, R. (2012): *Alles ist Leben – Die Begegnung von Quantenphysik und Mystik*, Crotona, Amerang.

Weiss, B. L. (1995): *Heilung durch Reinkarnationstherapie*, Knaur TB, München.

Wickland, C. (1994): *Dreissig Jahre unter den Toten*, Reichl Verlag, St. Goar.

Wilber, K. (2013): *Naturwissenschaft und Religion – Die Versöhnung von Wissen und Weisheit*, Fischer Verlag, Frankfurt a.M.

Willigis (1984): *Testament eines Eingeweihten*, Aquamarin Verlag, Grafing.

Woolger, R. (2006): *Vergangene Leben heilen – Reinkarnationstherapie in der Praxis*, Arkana Goldmann, München.

Yogananda, P. (1985): *Autobiographie eines Yogi*, Otto Wilhelm Barth Verlag, München.

Zundel, E. & Loomans, P. (1994): *Psychotherapie und religiöse Erfahrung*, Herder Verlag, Freiburg.

Unter diesem QR-Code können Sie sich die Seelenreifungsreisen kostenlos downloaden.